本书由"基础教育改革与发展协同创新中心"资助出版

安徽省基础教育综合改革
指导与参考

ANHUISHENG JICHU JIAOYU ZONGHE GAIGE
ZHIDAO YU CANKAO

安徽省基础教育改革与发展协同创新中心 / 组编

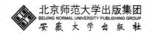

图书在版编目(CIP)数据

安徽省基础教育综合改革指导与参考/安徽省基础教育改革与发展协同创新中心组编. —合肥:安徽大学出版社,2015.9
ISBN 978-7-5664-1017-7

Ⅰ.①安… Ⅱ.①安… Ⅲ.①基础教育－教育改革－研究－安徽省 Ⅳ.①G639.21

中国版本图书馆 CIP 数据核字(2015)第 220681 号

出版发行：北京师范大学出版集团
　　　　　安　徽　大　学　出　版　社
　　　　　(安徽省合肥市肥西路 3 号 邮编 230039)
　　　　　www.bnupg.com.cn
　　　　　www.ahupress.com.cn
印　　刷：合肥华星印务有限责任公司
经　　销：全国新华书店
开　　本：170mm×240mm
印　　张：14
字　　数：210 千字
版　　次：2015 年 9 月第 1 版
印　　次：2015 年 9 月第 1 次印刷
定　　价：40.00 元
ISBN 978-7-5664-1017-7

策划编辑：钟　蕾　　　　　　装帧设计：曹文强
责任编辑：李海妹　　　　　　美术编辑：李　军
责任校对：程中业　　　　　　责任印制：赵明炎

版权所有　侵权必究
反盗版、侵权举报电话：0551－65106311
外埠邮购电话：0551－65107716
本书如有印装质量问题,请与印制管理部联系调换。
印制管理部电话：0551－65106311

《基础教育发展创新文库》编委会

顾　问　金　燕　贺乐凡
主　任　李进华
副主任　吴昕春　曹卓良
委　员　（以姓氏笔画为序）
　　　　王子迎　方双虎　冯建军　朱镜人
　　　　许俊农　李继秀　杨小微　吴秋芬
　　　　宋冬生　张守祥　陈　来　陈明生
　　　　周长春　郑德新　钱立青　潮道祥
　　　　操申斌

主　编　钱立青
副主编　李继秀　方双虎

出 版 说 明

作为国家教育体制改革试点项目，2012年经省政府同意，省教育改革和发展规划纲要领导小组印发了基础教育三项改革实施方案。基础教育三项改革是我省基础教育事业改革发展一个新的里程碑，意义重大，影响深远。为此，省教育厅召开了全省基础教育三项改革暨义务教育均衡发展督导评估会议，对推进基础教育改革进行了全面动员和部署，并陆续配套了相关政策，依据"政府主导、省市统筹、以县为主、区域推进"的原则，在先行先试的基础上全面推行基础教育三项改革。为帮助各级教育行政部门、中小学校以及广大的教育实践者与研究者准确掌握基础教育三项改革的主要精神与内涵，进一步深化基础教育改革，在省教育厅基础教育处的指导下，我们组织编印了这本《安徽省基础教育综合改革指导与参考》，收集推进我省基础教育改革与发展的相关与常用政策文件，主要分成"政策文件"、"领导讲话"、"工作参考"三个部分。该书的出版，既作为教育改革创新的指南，也是依法治教的工具书，供大家学习与工作参考使用。本书还作为基础教育改革与发展协同创新中心的政策研究内容，纳入"基础教育发展创新文库"。

安徽省基础教育改革与发展协同创新中心
2014 年 12 月 20 日

目 录

政策文件

3	安徽省中长期教育改革和发展规划纲要(2010—2020年)
42	安徽省人民政府办公厅关于深入推进义务教育均衡发展的意见 皖政办〔2009〕88号
48	关于印发推进安徽省县域义务教育均衡发展等三项改革实施方案的通知 皖教改〔2012〕1号
68	安徽省教育厅关于落实基础教育三项改革实施方案的指导意见 皖教改〔2012〕2号
82	安徽省教育厅关于公布安徽省基础教育体制改革试点项目的通知 皖教基〔2012〕22号
89	安徽省教育厅关于学习贯彻全省基础教育三项改革实施方案的通知 皖教秘基〔2012〕80号
92	安徽省人民政府办公厅关于印发安徽省县域义务教育均衡发展督导评估实施办法的通知 皖政办秘〔2012〕96号
97	中共安徽省委　安徽省人民政府关于做好关爱农村留守儿童工作的意见 皖发〔2009〕32号
103	安徽省校内留守儿童之家建设和管理办法

| 108 | 安徽省教育厅关于进一步做好进城务工人员随迁子女就学工作促进新型城镇化进程的意见
皖教基〔2013〕6号 |

| 112 | 安徽省人民政府办公厅关于加强中小学教师队伍建设的意见
皖政办〔2012〕35号 |

| 118 | 安徽省教育厅关于进一步加强中小学教师队伍管理工作的通知
皖教师〔2010〕9号 |

| 121 | 安徽省人民政府办公厅转发省教育厅关于进一步加强中小学管理规范办学行为意见的通知
皖政办〔2009〕87号 |

| 128 | 安徽省教育科学研究院关于申报安徽省教育科学规划2014年度基础教育三项改革专项课题的通知
教科研函〔2014〕45号 |

| 134 | 安徽省教育厅关于公布2014年度安徽省教育科学规划三项改革专项课题立项评审结果的通知
皖教秘〔2014〕472号 |

领导讲话

| 143 | 程艺同志在全省基础教育三项改革试点暨义务教育均衡发展督导评估工作会议上的讲话 |

| 153 | 金燕同志在全省基础教育三项改革试点暨义务教育均衡发展督导评估工作会议上的讲话 |

工作参考

| 167 | 安徽省基础教育三项改革实施方案解读 |

| 190 | 基础教育改革与发展协同创新中心发展规划(2013—2016年) |

政策文件

政策文件

安徽省中长期教育改革和发展规划纲要
（2010—2020年）

目　录

序言

第一部分　总体战略

第一章　指导思想和工作方针

（一）指导思想

（二）工作方针

第二章　战略目标和战略主题

（三）战略目标

（四）战略主题

第二部分　发展任务

第三章　基础教育

（五）全面普及15年基础教育

（六）大力发展学前教育

（七）巩固提高九年义务教育水平

（八）推动普通高中多样化发展

（九）全面提高基础教育质量

第四章　职业教育

（十）大力发展职业教育

  （十一）构建现代职业教育体系

  （十二）创新职业教育体制机制

  （十三）加强职业教育基础能力建设

  （十四）加快发展面向农村的职业教育

第五章　高等教育

  （十五）推进高等教育强省建设

  （十六）优化高等教育结构

  （十七）健全高等学校分类指导体系

  （十八）提高人才培养质量

  （十九）提升科学研究水平

  （二十）增强社会服务能力

第六章　继续教育

  （二十一）加快发展继续教育

  （二十二）健全继续教育体制机制

  （二十三）构建终身教育体系

第七章　民族教育和特殊教育

  （二十四）重视和加强民族教育

  （二十五）关心和支持特殊教育

第三部分　体制改革

第八章　人才培养体制改革

  （二十六）更新人才培养观念

  （二十七）创新人才培养模式

  （二十八）改革教育质量评价和人才评价制度

第九章　办学体制改革

  （二十九）深化办学体制改革

  （三十）大力支持民办教育

  （三十一）依法管理民办教育

第十章　管理体制改革

（三十二）健全统筹有力、权责明确的教育管理体制

（三十三）转变政府教育管理职能

第十一章　建设现代学校制度

（三十四）推进政校分开、管办分离

（三十五）落实和扩大学校办学自主权

（三十六）完善中国特色现代大学制度

（三十七）完善中小学学校管理制度

第十二章　考试招生制度改革

（三十八）推进考试招生制度改革

（三十九）完善高中阶段招生办法

（四十）深化高等学校入学考试和招生办法改革

（四十一）加强信息公开和社会监督

第十三章　扩大教育开放

（四十二）加强国际交流与合作

（四十三）引进优质教育资源

（四十四）加强各级各类学校对社会的开放

第四部分　保障措施

第十四章　加强教师队伍建设

（四十五）建设高素质教师队伍

（四十六）加强师德建设

（四十七）提高教师业务水平

（四十八）改善教师地位待遇

（四十九）健全教师管理制度

第十五章　保障经费投入

（五十）加大教育投入

（五十一）完善投入机制

（五十二）加强经费管理

第十六章　加快教育信息化进程

（五十三）加快教育信息基础设施建设

（五十四）加强优质教育资源开发与应用

（五十五）完善教育信息化服务体系

第十七章　推进依法治教

（五十六）加强地方教育立法

（五十七）全面推进依法行政

（五十八）大力推进依法治校

（五十九）完善督导制度和监督问责机制

第十八章　综合改革试点和重大项目

（六十）组织开展教育体制综合改革试点

（六十一）组织实施重大项目

第十九章　加强组织领导

（六十二）加强和改善对教育工作的领导

（六十三）加强和改进教育系统党的建设

（六十四）切实维护教育系统和谐稳定

第二十章　抓好组织实施

为贯彻落实《国家中长期教育改革和发展规划纲要（2010—2020年）》，结合安徽实际，进一步谋划今后一个时期教育事业改革与发展，制定本《教育规划纲要》。

序　言

教育是民族振兴、社会进步的基石，是提高国民素质、促进人的全面发展的根本途径，寄托着亿万家庭对美好生活的期盼。进入新世纪，教育的全局性、基础性、先导性、民生性作用更加突出。优先发展教育，提高教育现代化水平，对建设富强民主文明和谐的安徽具有决定性意义。

安徽省委、省政府历来高度重视教育。新中国成立以来特别是改革开放以来，提出并实施了一系列加快教育改革发展的政策措施，教育事业取得了辉煌的成就。继2006年全面实现"两基"，免费义务教育全面实施，义务教育的均衡发展取得明显成效；高中阶段教育普及程度大幅提高；职业教育快速发展，职教大省建设取得实质性进展；高等教育进入大众化阶段，科类结构明显优化，高教强省建设全面启动；教育投入大幅增长，办学条件显著改善；教育改革不断深化，办学水平不断提高；教育民生工程顺利实施，教育公平取得重大进展。教育的发展提升了人口素质，为推动全省经济发展、社会进步和民生改善，实现从人口大省向人力资源大省的转变作出了不可替代的重要贡献。

同时，必须清醒地认识到，我省教育仍然存在诸多薄弱环节。教育体制机制不够完善，学校办学活力不强。城乡、区域教育发展存在较大差距，优质教育资源不能满足人民群众日益增长的需求。学前教育发展相对滞后，义务教育均衡发展有待深入推进，职业教育基础能力仍较薄弱，高等教育质量仍需提高。教育投入有待进一步增加，保障教育科学发展的政策体系需要进一步健全，教育优先发展的战略地位需要进一步落实。

当前和今后一个时期，是安徽科学发展、全面转型、加速崛起、兴皖富民的关键时期，必须把经济发展真正转到依靠科技进步、劳动者素质提高和管理创新的轨道上来，必须大力促进社会的全面进步和人的全面发展，必须继续实施科教兴皖战略和人才强省战略,必须满足广大人民群众通过接受教育提高自身素质的强烈愿望。强国必先强教,兴皖必先兴教。发展的实践已经证明,欠发达地区要实现赶超发展,就必须充分发挥人力资源的战略作用,必须强化教育和人才的先导性支撑。这是普遍规律,也是唯一选择。各级党委、政府要从全局和战略的高度,从推进科教兴皖和人才强省的高度,充分认识教育工作的极端重要性和现实紧迫性;充分认识为广大人民群众提供更多更好的教育是政府的神圣职责;充分认识教育是一项复杂的社会系统工程,推进教育事业改革和发展是一项长期而艰巨的任务。要始终坚持教育优先发展,始终坚持以改革创新为动力,以促进公平为重点,以提高质量为核心,全面实施素质教育,大力推动教育科学发展,办好人民满意的教育,为经济社会发展作出更大贡献。

第一部分　总体战略

第一章　指导思想和工作方针

（一）指导思想。高举中国特色社会主义伟大旗帜，以邓小平理论和"三个代表"重要思想为指导，深入贯彻落实科学发展观，全面贯彻党的教育方针，遵循教育发展规律，实施科教兴皖战略和人才强省战略，坚持教育优先发展，充分发挥教育整体功能，进一步提高教育对经济社会发展的支撑度、对人力资源强省建设的贡献度和人民群众对教育的满意度，完善适应经济社会发展的现代教育体系，建设人力资源强省。

（二）工作方针。

优先发展。教育优先发展是党和国家提出并长期坚持的一项重大方针。各级党委和政府要把优先发展教育作为贯彻落实科学发展观的一项基本要求，切实保证经济社会发展规划优先安排教育发展、财政资金优先保障教育投入、公共资源优先满足教育和人力资源开发需要。充分调动全社会关心支持教育的积极性，共同担负起教育下一代的责任。

育人为本。把育人为本作为教育工作的根本要求。要以学生为主体，以教师为主导，充分发挥学生的主动性，把促进学生健康成长作为一切工作的出发点和落脚点。全面实施素质教育，促进学生全面发展。在保障人民群众享有平等接受良好教育机会的同时，满足人民群众多样化的教育需求。坚持因材施教，为多样化、个性化、创新型人才成长提供良好环境和机制。

改革创新。深化教育体制改革，不断增强教育活力，使教育发展更加符合时代发展潮流，更加符合科学发展的需要，更加符合广大人民群众对教育的殷切期盼。鼓励合芜蚌自主创新综合试验区、皖江城市带承接产业转移示范区和皖北地区的教育改革大胆实践，先行先试。进一步扩大教育开放，加大国际交流合作。增强学校与社会的互动,探索新形势下的开门办学,发挥教育服务社会功能。

统筹协调。统筹科技、教育、人才发展战略,实现教育与经济社会协调发展。统筹各级各类教育,构建终身教育体系,形成学习型社会。统筹各类教育资源,合理调整教育布局,实现教育与城镇化建设和人口变化相协调。统筹城乡教育、区域教育协调发展。

促进公平。坚持教育的公益性和普惠性,保障公民依法享有接受良好教育的机会。建成覆盖城乡的基本公共教育服务体系,逐步实现基本公共教育服务均等化,缩小城乡差距、区域差距和校际差距。教育公平的主要责任在政府,全社会要共同促进教育公平。

提高质量。始终把提高教育质量作为教育改革和发展的核心任务,摆在各级各类教育更加突出位置。树立科学的质量观,把促进人的全面发展、适应社会需要作为衡量教育质量的根本标准。更新教育观念,改革教育教学内容方法,注重内涵发展,鼓励特色发展。加强师资队伍建设,提高教师整体水平。完善学校管理制度,加强质量评估和监管。

第二章 战略目标和战略主题

(三)战略目标。到2020年,基本实现教育现代化,基本形成学习型社会,全面实施素质教育,全面提高教育质量,实现由教育大省向教育强省的跨越,实现由人力资源大省向人力资源强省的跨越。

实现更高水平的普及教育。到2020年,全面普及15年基础教育。学前三年毛入园率达80%,义务教育巩固率达98%,高中阶段毛入学率达90%。高等教育大众化水平进一步提高,毛入学率达43%。扫除青壮年文盲。公民受教育程度显著提高,全省主要劳动年龄人口平均受教育年限达11.2年,其中受过高等教育的比例达22%,新增劳动力平均受教育年限达13.5年。

形成惠及全民的公平教育。大力推进基本公共教育服务均等化。加大公共教育资源向农村地区、皖北地区倾斜。加强薄弱学校建设。努力办好每一所学校,教好每一个学生。完善进城务工人员子女平等接受义务教育政策。完善家庭经济困难、就学困难、学习困难学生和农村留守儿童的帮扶体系。加强民族乡学校建设,提高民族教育水平。加强特殊学校建设,保障特殊群体接受公平教育。

提供更加丰富的优质教育。教育质量整体提升,教育现代化水平明显提高。优质教育资源总量不断扩大,更好满足人民群众接受高质量教育的需求。全面实施素质教育,创新人才培养模式,各类人才的竞争力显著增强。

构建体系完备的终身教育。学历教育和非学历教育协调发展,职业教育和普通教育相互沟通,职前教育和职后教育有效衔接。现代国民教育体系更加完善,终身教育体系基本形成,促进全体人民学有所教、学有所成、学有所用。

健全充满活力的教育体制。人才培养体制、管理体制、办学体制、教育保障机制改革取得明显成效。政府办学为主体,全社会积极参与,公办教育和民办教育共同发展的格局基本形成。公共财政投入为主,多渠道筹措教育经费的投入机制更趋完善。教育对外开放不断扩大,教育的竞争力明显增强。

提升教育社会服务水平。适应加快转变经济发展方式的要求,加大布局结构、学科专业结构调整力度,加大经济社会发展紧缺人才的培养力度。完善高等学校科技创新体制机制,形成一批高水平科技成果,提高高等学校科技成果的转化率和对文化繁荣的贡献率。

(四)战略主题。紧紧围绕"坚持以人为本、全面实施素质教育"的战略主题,以培养德智体美全面发展的社会主义建设者和接班人为目标,坚持德育为先、能力为重、全面发展,着力提高学生的社会责任感、创新精神和实践能力,不断满足经济社会发展和全面提高国民素质的要求。

坚持德育为先。坚持立德树人,把社会主义核心价值体系融入国民教育全过程。加强马克思主义中国化最新成果教育,加强理想信念教育和社会主义荣辱观教育,加强以爱国主义为核心的民族精神教育和以改革创新为核心的时代精神教育,加强公民意识和道德教育。把德育渗透于教育教学的各个环节,贯穿于学校教育、家庭教育和社会教育的各个方面。切实加强和改进未成年人思想道德建设和大学生思想政治教育工作。构建大中小学有效衔接的德育体系,不断提高德育工作的吸引力和感染力,增强德育工作的针对性和实效性。

坚持能力为重。优化知识结构,丰富社会实践,强化能力培养。着力提高学生的学习能力、实践能力、创新能力,教育学生学会知识技能,学会动手动脑,学会生存生活,学会做人做事,促进学生主动适应社会,开创美好未来。

坚持全面发展。促进德育、智育、体育、美育有机融合,提高学生综合素质,使学生成为德智体美全面发展的社会主义建设者和接班人。建立健全学校体育卫生工作机制,提高学生身心健康水平。提升学校美育工作水平,培养学生良好的审美情趣和人文素养。加强劳动教育,重视安全教育、生命教育、国防教育和可持续发展教育。

表1 教育事业发展主要目标

指标	单位	2009年	2015年	2020年
学前教育				
在园幼儿数	万人	93.8	150	190
学前三年毛入园率	%	45.1	65	80
学前一年毛入园率	%	—	85	95
义务教育				
适龄儿童入学率	%	99.9	99以上	
九年义务教育巩固率	%	87.2	93以上	98
高中阶段教育*				
在校生	万人	225	180	200
高中阶段毛入学率	%	74.2	87以上	90以上
职业教育				
中等职业教育在校生	万人	94.3	90	100
高等职业教育在校生	万人	43.8	45	47
高等教育**				
高等教育在学总规模	万人	145	150	155
其中:普通本专科在校生	万人	87.8	100	106
其中:研究生在学规模	万人	3.5	4.1	4.5
高等教育毛入学率	%	22.3	36	43

注:* 含中等职业教育学生数;** 含高等职业教育学生数。

表 2　人力资源开发主要目标

指标	单位	2009 年	2015 年	2020 年
具有高等教育文化程度的人口数	万人	260	380	500
主要劳动年龄人口平均受教育年限	年	8.5	10.5	11.2
其中:受过高等教育的比例	%	8	15	22
新增劳动力平均受教育年限	年	12	13.3	13.5
其中:受过高中阶段以上教育的比例	%	68	87.0	90.0

第二部分　发展任务

第三章　基础教育

（五）全面普及15年基础教育。坚持基础教育重中之重地位。到2020年,城乡学前教育实现全普及、广覆盖、保基本;义务教育水平全面巩固提高,区域、城乡差距明显缩小;全面普及高中阶段教育,普通高中和中等职业教育规模大体相当。

（六）大力发展学前教育。

落实政府职责。把发展学前教育作为保障和改善民生的重要内容,纳入城镇和社会主义新农村建设规划。从2011年起,实施学前教育发展三年行动计划。建立政府主导、社会参与、公办民办并举的办园体制,建立覆盖城乡、布局合理的学前教育公共服务体系。加大政府投入,把学前教育经费列入各级政府财政预算,新增教育经费向学前教育倾斜。完善政府、社会、家庭成本合理分担机制,对家庭经济困难幼儿入园给予补助。大力发展公办幼儿园,支持城镇街道、农村集体等举办幼儿园,公办幼儿园在园幼儿数保持在幼儿在园总数的一半以上。积极扶持民办幼儿园,支持社会力量举办学前教育机构。加强幼儿教师队伍建设,依法落实幼儿教师地位和待遇。

推动城乡同步发展。高度关注城镇化带来的城镇学前教育资源日益短缺的矛盾,城市市区、县城城区每3万常住人口建设1所以上不少于9个班建制的公办幼儿园。依法落实城镇小区配套幼儿园建设。高度重视农村学前教育资源严重缺乏问题,大力发展农村学前教育,科学统筹和合理使用农村中小学闲置资源,因地制宜发展多种形式的农村托幼机构。到2020年,达到每个乡镇至少有1所独立建制的公办中心幼儿园,发展"一村一园"。重视0至3岁婴幼儿教育。

加强学前教育管理。明确"市级统筹、以县为主"的管理体制,建立县、乡镇、村学前教育三级网络。加强教育行政部门的业务指导和评估监管职能。制定学前教育办园标准,建立幼儿园准入制度,实施合格评估和等级评估,提升办园水平。加强对民办学前教育的管理。完善幼儿园收费管理办法。规范办园行为,重视养成教育和启蒙教育,开展科学保教,消除小学化倾向。建立幼儿园质量评估监管体系,提高幼儿园的保教质量。

(七)巩固提高九年义务教育水平。

建立健全义务教育均衡发展的保障机制。增加资源总量,均衡配置存量。建立健全均衡发展机制,制定区域内城乡统一的教师配置、办学条件标准。推进义务教育学校标准化建设,实施动态监测和定期公告,加快缩小校际差距、城乡差距、区域差距,建立区域内校长和教师定期交流制度,保证每一所学校教育质量。加强远程教育,实现资源共享。加大财政投入、教育专项向农村和皖北地区倾斜力度。在保障适龄儿童少年就近进入公办学校的前提下,发展民办教育,提供选择机会。

巩固义务教育普及成果。适应加快推进城镇化需要,充分考虑人口流动等因素,按照方便学生上学、不增加学生家庭经济负担、保证教学质量的原则,合理调整中小学布局。坚持以输入地政府管理为主,以全日制公办中小学为主,继续完善进城务工人员随迁子女平等接受义务教育和在当地参加升学考试的政策措施。加快农村寄宿制学校建设,优先满足留守儿童住宿需求。建立农村留守儿童关爱服务体系。采取救助帮扶等措施,确保适龄儿童少年不因家庭经济困难、就学困难、学习困难而失学,努力消除辍学现象。

（八）推动普通高中多样化发展。

转变发展方式。构建多样、开放、灵活、互通的普通高中教育模式，为不同需求的学生提供可以选择的教育服务。推进培养模式多样化，积极举办不同类型的高中，满足不同潜质学生的发展需要。改进课程设置，根据不同学校情况，优化课程结构，为不同的学生提供适合的教育内容。改进学校管理方法，引导学校特色发展。

合理配置高中资源。根据普通高中发展特点和多样化发展的需要，合理配置教育资源，正确处理规模、质量和效益的关系，克服盲目攀比建设、规模过大倾向，保持学校规模适中，促进学生个性化发展，推动学校规范化管理。

（九）全面提高基础教育质量。

更新教育观念。面向全体学生，把促进学生的全面发展作为衡量基础教育质量的根本标准。让学生学会知识技能、学会动手动脑、学会生存生活、学会做人做事，全面提高综合素质。

深化课程改革。完善基础教育课程体系，在落实基本知识、基本技能训练的同时，注重学生公民责任、健康人格、科学人文素养、实践能力、创新能力的培养。加强普通高中选课制度建设，创造条件开设丰富多彩的选修课，落实综合实践课程，开展研究性学习，广泛开展学生社团活动，为学生提供更多选择。大力推广普通话，使用规范汉字。加强中小学生身心健康教育。

规范办学行为。各级政府要把关心学生身心健康、减轻学生课业负担作为教育工作的重要任务，改变唯分数论的单一评价方式，改变单纯以升学率论英雄的教育政绩观。不得以升学率对地区和学校进行排名，不得下达升学指标。坚持义务教育阶段学生就近免试入学，严禁组织入学考试与测试，严禁将各种等级考试和竞赛成绩作为义务教育阶段入学与升学的依据。严格执行课程方案，科学安排学生学习、生活和锻炼，禁止任何形式的有偿补课。减少作业量和考试次数。不分重点班、快慢班。城镇小学不得举办附属幼儿园或学前班。充分发挥家庭教育在儿童少年成长过程中的重要作用，加强与学校沟通配合，共同规范办学行为。

加强教学管理。坚持教学工作的中心地位。提高教师业务素质，改进教学方法,加强课堂有效教学,提升教育教学效率。建立基础教育质量监测、评价制度,完善科学、多样的评价标准和办法,形成基础教育质量监管体系。提高教育教学与科学研究水平,加强各级教研机构和队伍建设,建立完善省、市、县、校四级教学科研网络,提高基础教育教学研究水平。

第四章 职业教育

(十)大力发展职业教育。切实履行政府职责,把发展职业教育摆在更加突出的位置,进一步推进职业教育大省建设。建立以就业、创业为核心,与经济发展方式转变和产业结构调整相适应,与市场需求和劳动力就业紧密关联的职业教育发展模式。创新体制机制,促进各类职业教育之间、职业教育和普通教育之间互通融合;加大开放力度,鼓励行业、企业参与和兴办职业教育;加强基础能力建设,提高职业教育质量,提升职业教育服务水平,增强吸引力;完善资助政策,做好家庭经济困难学生资助工作,逐步实行中等职业教育免费制度;健全就业准入制度,执行"先培训、后就业"、"先培训、后上岗"的规定。提高技能型人才的社会地位和待遇,加大对有突出贡献的高技能人才的宣传表彰力度,弘扬"三百六十行,行行出状元"的社会风尚,形成全社会关心、重视和支持职业教育发展的良好氛围。

(十一)构建现代职业教育体系。探索建立适应经济发展方式转变和产业结构调整要求、体现终身教育理念、中等和高等职业教育协调发展的现代职业教育体系。灵活开展各类培训,稳定中等职业教育,做大高等职业教育,做优应用性本科教育,做强专业学位研究生教育。逐步推行中等职业学校毕业生注册进入高等职业院校学习制度,扩大普通高校对口招生规模和专升本招生规模。坚持学历教育与职业培训并举、全日制与非全日制并重,整合各类职业教育资源,灵活开展适合各类人员需要的职业教育和培训。

(十二)创新职业教育体制机制。加强省、市两级政府对职业教育的统筹。创新皖江城市带承接产业转移示范区职业教育发展模式。支持皖北地区发展职业教育,引导骨干示范职业院校到皖北办学或开展联合办学、连锁办学。加大对口支援皖北地区职业教育力度。鼓励条件较好的市整合区域内各类职业教育资源。支持行业、企业举办职业院校,或依托职业院校进行职工培训。制定优惠政策,鼓励企业接收学生实习和教师实践。建立完善职业教育集约发展机制。推动行业、企业采取在职业院校开办专业、建立实验室或实训工厂等方式与职业院校联合办学,培养应用型、技能型人才。组建区域性、行业性、综合性等多形式的职业教育集团。

改革职业教育培养模式,着力培养学生职业道德、职业技能和就业创业能力。完善职业院校学分制和弹性学制。积极推进学历证书和职业资格证书"双证书"制度,推进职业院校专业课程内容和职业标准相衔接。开展职业技能竞赛。定期开展由行业、企业共同参与的教学质量评估,形成开放的职业教育评价体系。

(十三)加强职业教育基础能力建设。实施中等职业教育学校建设工程,重点建设一批骨干示范中职学校、优质特色学校和县(市、区)合格职教中心。推进示范高等职业院校建设,充分发挥其在职业教育中的引领、辐射和带动作用。

实施职业教育专业建设提升计划。制定职业教育专业建设标准,建成一批国家示范专业、省级重点专业和地方特色专业。加强职业教育课程标准建设,建设理论实训一体化教学课程体系和特色教材,实现中、高等职业教育专业课程体系、人才培养模式的衔接贯通。强化职业教育数字化教学资源库建设。构建职业教育网络学习和信息化管理平台。

建设一批职业教育实训基地,提升实践教学水平。按照产业布局和职业院校专业建设布点要求,编制全省职业教育实训基地建设规划,积极推进实训基地建设。创新基地运行管理模式,提高利用效率。到2020年建成一批设备先进、符合教学要求、与企业对接紧密、师资配备合格、管理运行高效的职业教育实训基地。

(十四)加快发展面向农村的职业教育。把加强职业教育作为服务社会主义新农村建设的重要内容。加强基础教育、职业教育和成人教育统筹,促进农科教结合,增强服务"三农"能力。办好县级职教中心、乡镇成人文化技术学校,健全县域职业培训网络。支持学校开设更多农业技术、农业经济等方面的职业教育专业或培训项目,广泛开展新型农民培训和农村劳动力转移培训。加强涉农专业建设,加大培养适应农业和农村发展需要的专业人才力度。建立高等院校与县级职教中心对口帮扶机制。

第五章 高等教育

(十五)推进高等教育强省建设。坚持提高质量与扩大规模并举。全面提升培养人才、促进经济发展、引领社会文化、服务决策的能力。促进高等教育办学条件大幅改善,教育结构更加合理,办学特色更加鲜明,高等学校科技和文化竞争力以及服务自主创新和文化繁荣的实力显著增强,产学研合作机制更加完善。

(十六)优化高等教育结构。继续推进中国科学院、教育部、安徽省共同支持中国科学技术大学建设世界一流研究型大学,教育部、安徽省共建合肥工业大学,扎实推进安徽大学"211工程"建设。支持一批具有较高办学水平或办学特色鲜明的高等学校进行重点建设。支持高等学校改革办学模式,重点建设一批应用型本科高校。支持国家和省示范性高等职业院校建设。支持高等学校根据科技进步和经济社会发展需要发展新兴学科、交叉学科和应用学科,进一步强化学科的综合交叉集成。形成以国际国内一流高校和一流学科领域为龙头,以专业性、行业性、综合性强的高校或学科为骨干,以主要培养应用型、技能型人才的高校或学科为基础的高等教育结构。进一步优化博士硕士研究生、各类专业学位研究生、本专科规模结构,形成符合经济社会发展需要的人才培养结构。优化高等教育布局,设区的市至少拥有1所公办普通本科高校。

(十七)健全高等学校分类指导体系。根据不同学校和学科专业特点,制定相应的办学标准,实施相应的教学质量评估制度,完善政策措施和调整资源配置,实施分类管理、指导和服务。引导高等学校科学定位、多元发展、特色办学。促进同类高校和学科建立联盟、合作共赢,鼓励不同类型的高校错位发展、办出水平。加大对民营资本办学、地方办学、行业办学、企业办学支持力度。加大对皖北高校发展的支持力度,落实省内重点高校对口支持皖北高校的政策和机制。构建省级高等学校学科专业人才需求预测、预警和毕业生就业监测反馈系统,引导高等学校主动调整学科专业结构,鼓励高等学校为区域经济社会发展培养紧缺人才。

（十八）提高人才培养质量。牢固确立教学工作的中心地位、教学改革的核心地位和教学建设的优先地位,把培养人才作为高等学校的根本任务。着力培养信念执著、品德优良、知识丰富、本领过硬的拔尖创新人才,高素质专门人才,综合型、应用型和技能型人才。改革研究生招生制度和培养模式,在博士学位授权高校广泛开展硕博连读,提高博士研究生创新能力和研究水平。大力发展专业学位研究生教育,支持部分高校以项目形式开展专业学位研究生培养。广泛开展学校之间以及学校与企业、科研院所联合培养研究生制度。全面推行学分制,建立跨校、跨区域、跨类型的学分互认和主辅修、双学位或双专业等制度,加大学生自主选择课程和专业的灵活性,加强学生学业指导咨询工作。深化课程体系、教学内容和教学方法改革,加强教材、实验室和校内外实习基地等基本建设,实现学生知识、能力和素质协调发展。重视学生在学习中的主体地位,积极推进研究型、探究型教学,积极支持学生参与科学研究和社会实践。加强思想政治教育,重视文化素质教育,促进文理交融。建立学习困难学生的帮扶机制。加强就业创业教育和就业指导服务。

贯彻实施国家中西部地区高等教育振兴计划,继续推进"高等学校本科教学质量与教学改革工程",逐步开展卓越工程师、卓越医师、卓越农艺师、卓越教师、卓越技师培养工程和应用型人才培养工程,继续开展校企联合培养研究生的"千人培养计划"。

建立和完善高等教育质量保障体系。加强政府对高等教育质量的宏观监控,鼓励社会专门机构对高等教育质量进行监督和评价。建立高等学校教育质量年度报告发布制度。

（十九）提升科学研究水平。充分发挥高等学校在国家和区域创新体系建设中的重要作用。引导高等学校以国家和区域发展战略需求为导向,承担重大科技任务和国家重大科学工程项目;适应国家和地方培育发展战略性新兴产业的需求,主动服务产业升级和企业技术创新,不断提高科技成果的转化率。加强高等学校科研与教学互动,共同致力于创新人才培养。促进高等学校、科研院所、企业科技教育资源共享,推动高等学校创新组织模式,培育跨学科、跨领域的科研与教学相结合的团队。加强高等学校重点科研创新基地与科技创新平台建设。完善以创新、质量和贡献为导向的科研评价机制。

繁荣发展哲学社会科学。积极参与马克思主义理论研究和建设工程。完善哲学社会科学研究创新平台和项目资助体系。充分发掘和有效利用地方人文资源,推动高等学校哲学社会科学优秀成果和优秀人才脱颖而出,进一步提升安徽文化软实力。

(二十)增强社会服务能力。加强高等学校与政府、企业和社会的联系,促进科学研究成果向现实生产力转化。以服务皖江城市带承接产业转移示范区、合芜蚌自主创新综合试验区、国家技术创新工程试点省建设以及加快皖北发展等重大战略为目标,构建高等学校、科研院所和企业之间紧密结合的产学研技术创新战略联盟,开展多种形式的联合攻关。鼓励高等学校探索全方位、多样化的社会化服务模式。鼓励师生开展志愿服务。加强科学普及工作,提高公众科学素质和人文素质。积极推进文化传播,弘扬优秀传统文化,发展先进文化。构建哲学社会科学研究成果转化体系,引导和支持高等学校深入开展决策咨询服务,充分发挥智囊团和思想库作用。

第六章　继续教育

(二十一)加快发展继续教育。继续教育是面向学校教育之后所有社会成员的教育活动,是实现人的终身发展、全面发展的有效途径,是构建学习型社会的有效手段。以加强人力资源能力建设为核心,大力发展非学历继续教育,稳步发展学历继续教育,重视老年教育。大力发展城乡社区教育,构建社区教育网络,围绕居民生产、生活所需,灵活有效地提供职业技能服务及满足个人兴趣爱好的多样化服务。到 2020 年,基本形成各级各类教育沟通衔接的终身教育体系和"人人皆学、处处能学、时时可学"的学习型社会。

(二十二)健全继续教育体制机制。坚持政府主导,统筹规划,加强继续学习网络和资源建设。大力发展各类数字化远程教育,建设以卫星、电视、互联网等为载体的远程开放继续教育公共服务平台。鼓励和引导各级各类学校和培训机构主动向社会开放学习场所和教育设施，面向社会成员开展多种形式的培训活动，服务全民学习。免费开放公益性文化体育设施，拓展其教育服务功能。充分发挥高等学校优势，集中开发一批网络学习课件和继续教育特色课程，满足不同人群终身学习的需要。依托安徽广播电视大学和各类高等教育资源，办好安徽开放大学。改革和完善自学考试制度，逐步实行宽进严出的成人高等教育学习制度，形成开放式教育体系。

（二十三）构建终身教育体系。把终身教育体系建设纳入经济社会发展总体规划和精神文明建设总体目标。政府建立跨部门终身教育协调机制，加强统筹协调、政策研究和宏观管理。明确政府及其相关部门、企事业单位，以及教育机构和学习者的权利和义务，形成政府主导、部门协调配合、社会广泛参与，共同发展终身教育的格局。建立政府主导、多元投入的经费保障机制。加快推进学习型组织建设，倡导全民阅读，推动全民学习。建立继续教育学分积累与转换制度，搭建终身学习立交桥。加强宣传，为终身教育发展营造良好氛围。

第七章 民族教育和特殊教育

（二十四）重视和加强民族教育。加强对民族教育工作的领导，全面贯彻党的民族政策，大力支持民族教育事业发展。广泛开展民族团结教育，促进各民族和睦相处。巩固民族乡义务教育普及成果，确保适龄儿童少年依法接受义务教育，全面提高普及水平，全面提高教育教学质量。加快民族乡高中阶段教育发展，大力发展民族乡职业教育，进一步办好高校民族班。加大对民族教育发展的支持力度，积极改善民族教育学校的办学条件，提高教师队伍整体素质，提高学校的办学水平。积极做好教育援疆、援藏工作，认真落实国家和省对口支援任务。

（二十五）关心和支持特殊教育。各级政府要把特殊教育事业发展纳入当地经济社会发展规划，保障残疾儿童少年接受教育的各项权益。全面提高残疾儿童少年义务教育普及水平，扩大中小学残疾儿童少年随班就读规模，促进残疾儿童少年快乐成长。加快发展残疾人高中阶段教育，大力推进残疾人职业教育，重视发展残疾人高等教育，积极发展残疾儿童学前教育。逐步实施残疾学生高中阶段免费教育。加强特殊教育学校基础能力建设,基本实现设区的市和30万人口以上、残疾儿童少年较多的县(市)都有一所特殊教育学校。加强特殊教育师资队伍建设,提高业务素质,改善生活工作待遇。加强对特殊教育资源的省级协调和市级统筹,按照特殊教育对象类型和教育教学需要合理布局特殊教育资源,做到有效综合利用。

第三部分 体制改革

第八章 人才培养体制改革

(二十六)更新人才培养观念。深化教育体制改革,关键是更新教育观念,核心是改革人才培养体制,目的是提高人才培养水平。牢固树立以德为先、能力为重、全面发展的育人观,引导学生形成正确的世界观、人生观、价值观;把素质教育贯穿于人才培养的全过程,提高学生的思想道德素质、文化素质、身体心理素质。牢固树立人人成才、尊重个性、持续发展的人才观,面向全体学生,鼓励个性发展,倡导终身学习。树立系统培养观念,推进小学、中学、大学有机衔接,教学、科研、实践紧密结合,学校、家庭、社会密切配合,形成体系开放、灵活多样的人才培养体制。

(二十七)创新人才培养模式。适应国家和区域经济社会发展需要,遵循教育规律和人才成长规律,深化教育教学改革,创新教育教学方法,探索多种培养方式。注重学思结合,倡导启发式、探究式、讨论式、参与式教学,帮助学生学会学习。注重知行统一,坚持教育教学与生产劳动、社会实践相结合。注重因材施教,关注学生不同特点和个性差异,发展每一个学生的优势潜能。基础教育着力为学生成长、成人、成功提供知识和能力准备,为全面发展打下良好基础;职业教育着力培养服务经济社会发展的技能型人才;高等教育着力打造更具创新精神和实践能力的创新型人才。

(二十八)改革教育质量评价和人才评价制度。改革教育质量评价方式,开展由政府、学校、家长及社会各方面参与的教学质量评价活动。探索促进学生发展的多种评价形式,帮助学生发现自我、发展自我,激励学生乐观向上、自主自立、努力成才。构建灵活开放的课程、教学评价体系。积极探索建立教育质量监测和督导评估体系,形成以质量和特色为核心的多元化学校评价新机制。

改进人才评价及选用制度,为人才培养创造良好环境。建立以岗位职责要求为基础,以品德、能力和业绩为导向,科学化、社会化的人才评价发现机制。完善人才评价标准,强化人才选拔使用中对实践能力的考查,克服唯学历、唯论文倾向。

第九章 办学体制改革

(二十九)深化办学体制改革。坚持教育公益性原则,健全政府主导、社会参与、办学主体多元、办学形式多样、充满生机活力的办学体制,形成以政府办学为主体、全社会积极参与、公办教育和民办教育共同发展的格局。

深化公办学校办学体制改革,积极鼓励行业、企业等社会力量参与公办学校办学,以扩大优质教育资源和扶持薄弱学校为重点,探索联合办学、委托管理等多种办学形式,增强公办学校办学活力,提高办学水平和办学效益。

(三十)大力支持民办教育。民办教育是教育事业发展的重要增长点和促进教育改革的重要力量。各级政府要把发展民办教育作为重要工作职责,鼓励出资、捐资办学,促进社会力量以独立举办、共同举办等多种形式兴办教育。完善独立学院管理和运行机制。支持民办学校创新体制机制和育人模式,提高质量,办出特色,办好一批高水平民办学校。

健全对民办学校的人才鼓励政策和公共财政扶持政策。政府委托民办学校承担有关教育和培训任务,拨付相应教育经费。省、市、县人民政府可以根据本行政区域的具体情况设立专项资金,用于资助民办学校。制定完善促进民办教育发展的优惠政策。依法落实民办学校、学生、教师与公办学校、学生、教师平等的法律地位,保障民办学校办学自主权。建立完善民办学校教师社会保险制度。

（三十一）依法管理民办教育。探索建立民办学校分类管理制度。规范民办学校法人登记，完善民办学校法人治理结构。民办学校依法设立理事会或董事会，保障校长依法行使职权，逐步推进监事制度。积极发挥民办学校党组织的作用，建立健全民办高校督导专员制度。成立民办学校工会，建立健全民办学校教职工代表大会制度，保障教职工参与民主管理、民主监督的权利。依法建立民办学校重组、变更与退出机制。落实民办学校法人财产权。任何组织和个人不得侵占学校资产、抽逃资金或者挪用办学经费。建立健全民办学校办学许可、办学水平评估、财务资产管理、广告备案和信息公开等制度，扩大社会参与民办学校的管理与监督，把民办教育纳入依法管理、科学管理的轨道。

第十章　管理体制改革

（三十二）健全统筹有力、权责明确的教育管理体制。以转变政府职能和简政放权为重点，深化现代教育管理体制改革，形成政事分开、权责明确、统筹协调、规范有序的现代教育管理体制。进一步加强省级统筹，明确各级政府教育管理的职能和责任。完善义务教育"以县为主"的管理体制，加强县级教育行政部门对教师、经费等资源配置的统筹，建立和完善农村学区管理办法。理顺普通高中隶属管理关系，明确市、县政府及教育行政部门对普通高中管理的职责，加强对普通高中发展的统筹。完善中等职业教育"分级管理、市县为主、政府统筹、社会参与、市场引导"的管理体制。完善高等教育"以省统筹为主、省市共建共管"的管理体制。

（三十三）转变政府教育管理职能。各级政府要切实履行统筹规划、政策引导、监督管理和提供公共教育服务的职责，建立健全公共教育服务体系，逐步实现基本公共教育服务均等化，维护教育公平和教育秩序。改变直接管理学校的单一方式，综合应用立法、拨款、规划、信息服务、政策指导和必要的行政措施，减少不必要的行政干预。

提高政府决策的科学性。规范决策程序，推进重大教育决策公示、通报、听证制度。充分发挥专家、学者在重大教育决策和项目实施过程中的作用。

第十一章 建设现代学校制度

（三十四）推进政校分开、管办分离。适应时代要求，建设依法办学、自主管理、民主监督、社会参与的现代学校制度。明确政府管理权限和职责，明确各级各类学校办学权利和责任。完善学校目标管理和绩效管理机制。健全校务公开制度，接受师生员工和社会的监督。随着国家事业单位分类改革推进，探索建立符合学校特点的管理制度和配套政策，克服行政化倾向，取消实际存在的行政级别和行政化管理模式。

（三十五）落实和扩大学校办学自主权。政府及其部门要树立服务意识，改进管理方式，依法保障学校充分行使办学自主权和承担相应责任。落实学校在资源配置、人事管理、经费使用等方面的自主权。各类学校按照国家法律法规和宏观政策，自主开展教学活动、科学研究、技术开发和社会服务等工作。

（三十六）完善中国特色现代大学制度。公办高等学校要坚持和完善党委领导下的校长负责制，完善大学校长选拔任用办法。探索民主管理、教授治学的有效途径，充分发挥学术委员会在学科建设、学术评价、学术发展中的重要作用。加强教职工代表大会、学生代表大会建设，发挥群众团体的作用。各类高等学校应依法制定章程，依照章程规定管理学校。确立科学的考核评价和激励机制。探索建立高等学校理事会或董事会，扩大学校发展的社会参与度。探索高等学校与行业、企业密切合作共建的模式，推进高等学校与科研院所的资源共享。深化高校后勤社会化改革。

（三十七）完善中小学学校管理制度。完善普通中小学和中等职业学校校长负责、党组织发挥政治核心作用、教职工代表大会和家长委员会参与管理与监督的运行机制。推进校长选拔聘用制度改革，积极推动社区、学生及家长对学校管理的参与和监督，不断提升学校管理的科学化、民主化、规范化水平。发挥企业参与中等职业学校发展的作用，建立中等职业学校与行业、企业合作机制。

第十二章 考试招生制度改革

(三十八)推进考试招生制度改革。按照有利于科学选拔人才、促进学生健康发展、维护社会公平的原则,探索招生与考试相对分离的办法,政府宏观管理,专业机构组织实施,学校依法自主招生,学生多次选择,逐步形成分类考试、综合评价、多元录取的考试招生制度。

(三十九)完善高中阶段招生办法。坚持省级统筹,市级实施,完善高中阶段考试招生制度。全面使用高中阶段教育招生信息系统,实现计算机网上录取和学生电子注册。建立规范灵活的中职学校招生制度,中等职业学校实行自主招生或注册入学,加大面向具有初中文化水平的社会人员的招生。推进普通高中多样化录取方式,规范特长生录取程序和办法。改进和完善省、市示范高中招生指标均衡分配到区域内初中的政策与措施。

(四十)深化高等学校入学考试和招生办法改革。完善高中学业水平测试和综合素质评价办法,发挥测试评价结果在不同层次高等学校录取中的作用。实施普通本科院校与高等职业院校分类入学考试,逐步实行高等职业院校省级组织入学考试制度。深化考试内容改革,着重考查学生的基本素质和综合能力。加大高职(专科)院校招生改革力度,建立灵活多样的选拔录取办法,完善示范高职院校自主招生、注册招生办法。改革成人高等教育招生制度,逐步建立灵活多样的招生录取办法。改革研究生招考办法,强化创新能力考查,发挥并规范导师在选拔录取中的作用。完善"国家考试、个人自学、社会助学"的自学考试制度。扩大各类证书考试规模,增加考试项目。

(四十一)加强信息公开和社会监督。完善各类考试招生信息发布制度,实现信息公开透明,保障考生权益,加强政府和社会监督。加强考试招生制度建设,规范学校招生录取程序。强化考试安全责任,加强诚信制度建设,坚决防范和严肃查处考试招生舞弊行为。维护入学机会公平,清理和规范各项加分政策。

第十三章 扩大教育开放

(四十二)加强国际交流与合作。努力构建全方位、多层次、宽领域的教育国际交流与合作平台,积极开展与境内外高等院校和学术机构双边或多边教育、科研合作和学术交流。借鉴国际先进的教育理念和教育经验,着力培养一大批具有国际视野、通晓国际规则、能够参与国际事务和国际竞争的国际化人才。完善公派出国留学管理机制,注重高层次创新人才的培养。加强对自费出国留学的政策引导。有计划地引进海外高端人才和学术团队。鼓励优秀留学人员回国创业或多种形式为国服务。大力支持高等院校招收外国留学生,拓宽招生渠道,扩大外国留学生规模,优化留学生教育学科专业,提高留学生教育质量和层次。充分利用安徽丰富的历史文化资源,加强汉语国际推广工作。建立健全汉语国际推广教师和志愿者队伍服务机制。推动孔子学院建设,提高孔子学院办学质量和水平。

(四十三)引进优质教育资源。积极开展与港澳台地区的教育交流与合作。办好一批示范性中外合作办学项目。建设一批国际化的学科专业和特色课程。建立教学科研合作平台、合作基地。鼓励各级各类学校开展多种形式的国际合作与交流。支持加强与国外高水平大学的交流合作;支持职业院校培养适应国际劳务市场需求的高技能人才,促进职业教育人才培养与国际通行职业资格标准的衔接。加大对师资队伍和管理队伍的国际化培训力度。推进中外学校间教师互派、学生互换、学分互认和学位互授联授。加强和改进外语教学,实施学生海外修学、实习计划,增强学生国际交往和竞争能力。

(四十四)加强各级各类学校对社会的开放。在确保校园安全和教学活动开展的前提下,由各级政府统筹协调,加大各级各类学校和教育资源对社会的开放度。高等院校加大与所在地在教育、文化、体育设施等方面的共建共用,对社会开放实验、检测设施设备,把学校建设成为服务地方的教育、文化和科技中心。

第四部分 保障措施

第十四章 加强教师队伍建设

（四十五）建设高素质教师队伍。教育大计，教师为本。提高教师政治、社会和职业地位，维护教师合法权益，改善教师待遇，使教师成为受人尊重的职业。严格教师资质，提升教师素质，优化教师配置，加强教师管理，造就一支师德高尚、业务精湛、结构合理、充满活力的高素质专业化教师队伍。加强教师教育，构建以师范院校为主体、综合大学参与、开放灵活的教师教育体系。实施"教育名师培养工程"。

（四十六）加强师德建设。德为师之本、师以德为先。加强师德教育，增强广大教师学为人师、行为世范的责任感和使命感。教师要关爱学生，严谨笃学，淡泊名利，自尊自律，以人格魅力和学识魅力教育感染学生，做学生健康成长的指导者和引路人。多渠道、多层次、多形式地开展师德教育，将其列为教师职前培养和职后培训的重要环节。坚持师德为先，严格考核管理，将师德表现作为教师绩效考核、职务评聘、岗位聘用、进修深造和评优奖励等的重要依据。将师德建设作为评估学校办学质量的重要指标。坚持正确导向，采取综合措施，建立长效机制，形成良好学术道德和学术风气，克服学术浮躁之风，查处学术不端行为。

（四十七）提高教师业务水平。以农村教师为重点，提高中小学教师队伍整体水平。创新农村教师补充机制。继续实施农村义务教育学校教师特设岗位计划，完善代偿机制，鼓励高校毕业生到农村基层和艰苦地区当教师。建立优秀师范生到农村学校顶岗实习制度。完善城镇教师支援农村教育工作制度。加大对口支援皖北地区师资工作力度，提高教师队伍整体水平。适应素质教育要求，完善教师培训制度，加强教师培训机构建设，提高教师培训质量。把教师培训经费列入政府预算,对中小学和幼儿园教师实行每五年一周期的全员培训。

以"双师型"教师为重点,加强职业院校教师队伍建设。加大职业院校教师培养培训力度。依托相关高等学校和大中型企业,共建"双师型"教师培养培训基地。完善教师定期到企业和基层一线实践制度。实施高职高专专业带头人培养计划、中职教师素质提升计划。完善相关人事制度,聘任(聘用)具有实践经验的专业技术人员和高技能人才担任专兼职教师。

以中青年骨干教师和创新团队为重点,建设高素质的高校教师队伍。大力提高高校教师教学水平、科研创新和社会服务能力。促进跨学科、跨学校、跨单位合作,形成高水平教学和科研创新团队。创新人事管理和薪酬分配方式,引导教师潜心教学科研,鼓励中青年优秀教师脱颖而出。配合国家引进海外高层次人才"千人计划"、省"百人计划"、教育部"长江学者奖励计划",积极推进"皖江学者计划"、"高校博士后工程"等高层次人才项目,努力引进和造就一批学术技术领军人才。加强高校的思想政治理论课教师队伍、高校辅导员和班主任队伍建设。

(四十八)改善教师地位待遇。营造良好的社会舆论氛围,使尊师重教蔚然成风。不断改善教师的工作、学习和生活条件,吸引优秀人才长期从教、终身从教。依法保证教师平均工资水平不低于或高于国家公务员的平均工资水平,并逐步提高。强化教师绩效考核,实行以岗定酬、优绩优酬,完善分配激励机制。对长期在农村基层和山区贫困地区工作的教师,在工资、职务(职称)等方面实行倾斜政策,完善津贴补贴标准。制定支持政策,将符合条件的教师住房纳入地方保障性住房建设规划,加强农村学校教师居住周转房建设。落实和完善教师医疗养老等社会保障政策。

(四十九)健全教师管理制度。完善并严格实施教师准入制度,完善教师公开招聘办法,严把教师入口关。建立教师资格证书定期登记制度,促进教师终身学习和专业发展。省级教育行政部门统一组织中小学教师资格考试和资格认定,县级教育行政部门依法履行中小学教师的招聘录用、职务(职称)评聘、培养培训和考核等管理职能。

根据国家颁布的各类学校编制标准,合理核定学校编制。逐步实行城乡统一的中小学编制标准,对农村山区和贫困地区实行政策倾斜。制定幼儿园教职工配备标准,逐步配齐幼儿园教职工。将公办幼儿园纳入政府编制管理,核定公办幼儿园教职工编制。合理核定中等职业学校编制。修订完善普通高等学校编制标准。深化学校人事制度改革,加强岗位管理,健全激励机制,完善教师转岗和退出机制。建立健全义务教育学校教师和校长流动机制,促进优质教师资源共享。深化教师职称制度改革,实行城乡统一的岗位结构比例,建立统一的中小学教师职务(职称)系列,在中小学设置正高级教师职务(职称),探索在职业学校设置正高级教师职务(职称),完善幼儿园教师专业技术职称评审标准。城镇中小学教师在评聘高级职务(职称)时,原则上要有一年以上在农村学校或薄弱学校任教经历。制定校长任职资格标准,加强校长培训,促进校长专业化,提高校长管理水平。改进校长任用办法,实行校长任期制,推行校长职级制。

鼓励和支持教师和校长在实践中大胆探索,创新教育思想、教育模式和教育方法,形成教学特色和办学风格,造就一批教育家,倡导教育家办学。总结、宣传和推广教育家的教育理论、实践成果及办学经验。大力表彰和宣传模范教师的先进事迹。对作出突出贡献的教师和教育工作者设立荣誉称号。

第十五章 保障经费投入

(五十)加大教育投入。教育投入是支撑国家长远发展的基础性、战略性投资,是公共财政的重要职能。建立教育经费稳定增长机制,健全以政府投入为主、多渠道筹集教育经费的体制,大幅度增加教育投入。

依法加大政府投入。各级政府要优化财政支出结构,把教育作为财政支出的重点领域予以优先保障。严格按照教育法律法规规定,年初预算和预算执行中的超收收入分配都要体现法定增长要求,保证教育财政拨款增长明显高于财政经常性收入增长,并使生均教育费用逐步增长,保证教师工资和学生人均公用经费逐步增长。明确市、县(市、区)政府财政教育支出占财政支出的比例,保证全省财政教育支出占财政支出的比例在2012年达到或超过中央核定的比例，并保持稳步提高。依法足额征收教育费附加和地方教育附加，专项用于教育事业。鼓励市、县（市、区）政府按规定建立地方教育基金。进一步扩大国债用于教育的份额。各级政府应从土地出让收入中划出一定比例用于教育。乡镇、街道要增加对学校、幼儿园的投入。调整优化各级政府预算内基建投资结构，加大对教育基础设施的投入。建立并完善学校债务化解机制和债务风险控制机制，加大财政补助力度，争取中央奖励资金，切实减轻公办学校债务负担。建立省、市、县三级政府教育投入增长的监测、公告、考核制度，把教育投入增长比例纳入对各级政府的任期目标考核。

积极引导社会投入。充分调动全社会办教育积极性，扩大社会资源进入教育途径，多渠道增加教育投入。采取划拨土地、税收减免、金融扶持和政府奖励等优惠政策措施，鼓励和引导社会力量捐资、出资办学。支持中外合作办学，拓宽教育投资来源渠道。完善捐赠教育激励机制，落实教育公益性捐赠支出在所得税税前扣除的规定。完善非义务教育培养成本分担机制，适时调整学费和住宿费标准。

落实支持教育的优惠政策。对各级各类学校基本建设项目免收新型墙体材料专项基金、散装水泥专项基金、征地管理费和河道工程修建维护管理费等行政事业性收费和政府性基金，免收或减收经营服务性收费。各级各类学校教学用房免征城市基础设施配套费。各级各类学校以划拨方式取得的国有土地使用权，经批准处置所得扣除应交国家的税费后，余款全部用于改善办学条件。对各级各类学校开展社会服务和技术转让取得的收入，按国家规定减征或免征营业税和所得税。

（五十一）完善投入机制。进一步明确各级政府提供公共教育服务职责，完善各级教育经费投入机制，保障学校办学经费的稳定来源和增长。省政府根据国家办学条件基本标准和教育教学基本需要，研究制定并逐步提高区域内各级学校学生人均经费基本标准和学生人均财政拨款基本标准，到2012年不低于中部省份平均水平，到2020年达到或超过全国平均水平。

义务教育全面纳入财政保障范围，落实中央和地方各级政府共同负担、省级政府负责统筹落实的投入体制。进一步完善中央财政和省、市、县财政分项目、按比例分担的义务教育经费保障机制,切实提高保障水平。

非义务教育实行以政府投入为主、受教育者合理分担、其他多种渠道筹措经费的投入机制。学前教育建立政府投入、社会举办者投入、家庭合理负担的投入机制,重点支持农村学前教育。普通高中实行以财政投入为主、其他渠道筹措经费为辅的机制,加大对重点项目的投入,逐步提高财政投入水平。中等职业教育实行政府、行业、企业及其他社会力量依法筹集经费的机制,加大省级职业教育专项资金投入力度,发挥引导示范作用。高等教育实行以举办者投入为主、受教育者合理分担培养成本、学校设立基金接受社会捐赠等筹措经费的机制。设立高等教育强省专项经费。逐步改革高等学校预算拨款制度,建立高等学校生均拨款标准动态调整机制,积极争取中央财政支持,提高高等学校经费保障水平。

省财政通过加大专项转移支付力度,支持革命老区、山区、库区、皖北地区及其他贫困地区教育事业发展。鼓励经济发达地区支援欠发达地区教育发展。

健全各类助学政策体系。逐步对农村家庭经济困难和城镇低保家庭子女接受学前教育予以资助。提高农村义务教育家庭经济困难寄宿生生活补助标准和补助面,改善中小学生营养状况。建立健全普通高中家庭经济困难学生国家资助制度。完善中等职业学校、普通高校家庭经济困难学生资助政策体系。规范中职国家助学金管理、逐步免除中等职业教育学费;建立和完善高等学校毕业生学费补偿和助学贷款代偿制度;完善国家助学贷款机制,推进生源地信用助学贷款;建立健全研究生教育收费制度,完善资助政策。积极引导和鼓励社会团体、企业和个人设立奖学金、助学金,帮助家庭经济困难学生顺利入学并完成学业。完善高等学校、中等职业学校和普通中小学学生医疗保险制度。

(五十二)加强经费管理。坚持依法理财,严格执行国家财政资金管理法律制度和财经纪律。坚持科学理财,建立科学化、精细化预算管理机制,科学编制部门预算,提高预算执行效率。加强学校财务会计制度建设,建立经费使用绩效评价制度,实行重大项目立项评估和经费使用考评。完善学校收费管理办法,规范学校收费行为和收费资金使用管理。完善教育经费监管机构职能,在高等学校试行设立总会计师职务,提升经费使用和资产管理专业化水平。公办高等学校总会计师由政府委派。加强经费内部稽查和审计监督,确保经费分配和使用规范、安全、有效。加强学校国有资产管理,防止国有资产流失,提高使用效益。坚持勤俭办学,深入推进节约型校园建设。

第十六章　加快教育信息化进程

(五十三)加快教育信息基础设施建设。把教育信息化纳入全省信息化建设整体规划。到2020年,基本建成覆盖城乡各级各类学校的教育信息化体系,促进教育内容、教学手段和方法现代化。推进数字化校园建设,实现多种方式接入互联网。加快改造和完善教育信息化基础设施,提高终端设施普及水平,实现多媒体班班通。重点加强农村学校信息基础建设,缩小城乡数字化差距。建设涵盖各级各类教育的远程教学支撑系统,形成现代远程教育传输网络,构建具有安徽特色的现代远程教育体系。完善教育信息安全技术保障体系,确保信息技术的推广应用。

(五十四)加强优质教育资源开发与应用。整合各类优质教育教学资源库,建立公共服务平台,实现共建共享。到2020年,建成基本覆盖各学科、内容丰富的课程资源和学习资源库。继续推动农村中小学远程教育,使农村和边远山区师生能够享受优质教育资源。健全完善数字图书馆、虚拟实验室、精品课程库、优秀教师教案等数字化教学资源,充分发挥其在课堂教学中的作用,构建开放、互动、共享的网络教育教学模式。

全面普及各级各类学校信息技术教育,鼓励学生利用信息手段主动学习、自主学习,增强运用信息技术分析解决问题能力。开展教师信息技术能力培训,提高教师应用信息技术水平。加快信息技术队伍和课程建设,推进信息技术与其他学科教学的整合与融合。

(五十五)完善教育信息化服务体系。加强教育信息化队伍建设,构建完善的教育信息化支撑与保障体系。制定学校基础信息管理标准,加快学校管理信息化进程,促进学校管理标准化、规范化。建立各级教育行政部门电子政务系统、教育门户网站以及学校电子校务系统,建设全省教育信息管理系统,实现对教育信息数据的共享和动态监测,不断提高教育管理现代化水平。

第十七章　推进依法治教

(五十六)加强地方教育立法。适应全省教育事业改革与发展的新形势、新任务和新要求,进一步加强地方立法。根据国家法律法规,制定或修订义务教育、学前教育、民办教育、教育督导等方面的地方教育法规、规章,形成教育行政部门依法行政、学校依法自主办学、依法接受社会监督的格局。

(五十七)全面推进依法行政。各级政府要按照建设法治政府的要求,依法履行教育职责。及时查处各类违规违法办学行为,依法维护学校、学生、教师、校长和举办者的权益。加强规范性文件的监督管理。全面推进政务公开,加大教育信息公开力度,保障公众对教育的知情权、参与权和监督权。

(五十八)大力推进依法治校。学校要建立完善符合法律规定、体现自身特色的学校章程和制度,依法办学,从严治校,认真履行教育教学和管理职责。尊重教师权利,加强教师管理。保障学生的受教育权,对学生实施的奖励与处分要符合公平、公正原则。健全符合法治原则的学校内部教育救济制度。开展普法教育,推进依法治校示范校建设,促进师生员工提高法律素质。

(五十九)完善督导制度和监督问责机制。切实加强县级以上人民政府教育督导机构和督学队伍建设。建立健全督学的资格认定、聘任和业务培训制度,促进督导工作和督学的专业化发展。坚持督政与督学并重,监督与指导并重。实行综合督导与专项督导、定期督导与随访督导、质量监测与考核评价相结合。坚持和完善对市、县(市、区)政府履行教育工作职责的督导考核制度。积极推行义务教育均衡发展监测与评估验收制度。逐步实行基础教育质量监测制度,大力推进学校发展性评估,建立和完善符合素质教育要求的学校督导评估体系。依法将语言文字规范化纳入教育督导评估检查内容。全面加强学前教育、义务教育和高中阶段教育学校的督导检查,建立并实行教育督导结果公告制度和问题处理反馈、限期整改制度。

严格落实问责制。主动接受和积极配合各级人大及其常委会对教育法律法规执行情况的监督检查,以及司法机关的司法监督。建立健全层级监督机制。加强监察、审计等专门监督。强化社会监督。

第十八章 综合改革试点和重大项目

(六十)组织开展教育体制综合改革试点。成立安徽省教育改革和发展规划纲要领导小组,研究部署指导教育体制改革和规划纲要实施工作。根据统筹规划、分步实施、试点先行、动态调整的原则,开展重大改革试点。

开展国务院确定的省级政府教育统筹综合改革试点。深化教育管理体制改革,探索政校分开、管办分离实现形式。统筹推进各级各类教育协调发展。统筹城乡、区域教育协调发展。统筹编制符合国家要求和本地实际的办学条件、教师编制、招生规模等基本标准。统筹建立健全以政府投入为主、多渠道筹措教育经费、保障教育投入稳定增长的体制机制。建立健全地方政府履行教育职责的评价制度。探索建立督导机构独立履行职责的体制机制。

开展义务教育均衡发展改革试点。推进义务教育学校标准化建设,探索城乡一体化发展的有效途径。制定标准化建设规划和措施,加强薄弱学校建设,解决区域内义务教育阶段择校问题。创新体制机制,实施县(市、区)域内义务教育教师和校长交流制度,实行优质高中招生名额分配到区域内初中学校的办法,多种渠道推进义务教育均衡发展。切实保障弱势群体学生公平接受义务教育。

开展保障农民工子女平等接受义务教育改革试点。建立进城务工农民随迁子女就学零障碍体系,保障平等接受义务教育。完善进城务工农民随迁子女在流入地参加初中毕业学业考试和报考高中阶段学校的政策措施。建立农村留守儿童健康成长关爱和服务体系,完善党委领导、政府统筹、部门联动、社会协调的工作机制,切实解决留守儿童生活、心理和学习等方面的问题,促进农村留守儿童健康成长。

开展规范办学行为,减轻学生课业负担改革试点。改进教育教学方法,提高课堂有效教学,改进考试评价制度,探索建立减轻中小学生课业负担的途径和方法。规范招生行为,维护正常的招生秩序。严格控制班额、班级数。

切实落实教育教学管理规定。教师遵守职业道德,不歧视学生,不体罚、变相体罚学生。规范收费行为,进一步治理中小学乱收费。规范民办学校的办学行为。严格审批关、年审关、日常管理关。建立减轻学生负担的监督检查制度,形成减轻中小学生负担的长效机制。

开展完善学前教育体制机制改革试点。明确政府责任,完善学前教育体制机制,构建学前教育公共服务体系。建立政府主导、社会参与、公办与民办并举的办园体制。探索以政府购买服务的方式发展学前教育。创新幼儿园管理模式,鼓励公办民办合作机制,探索优质公办学前教育机构输出管理。加大幼儿教师和园长培养培训力度。规范学前教育管理,加强质量评价和质量监管。

开展职业教育办学模式改革试点。建立皖江城市带承接产业转移示范区职业教育综合改革试验区,推进职业教育改革创新,建立起政府主导、行业指导、企业参与的办学机制。大力推进办学模式改革,开展校企合作,建立区域内合作机制。深化中等职业学校专业规范化建设,建立专业、课程、教材建设联动机制。建立和完善"双师型"教师队伍管理机制。创新人才培养模式,着力提高技能型人才培养质量。统筹安排、推进职业教育布局合理化,推进职业教育集团化办学。

开展应用型高等教育人才培养模式改革试点。研究制定高等教育各类应用人才培养标准和质量评价标准。面向经济社会发展重大需求,大力发展应用型学科专业,提升应用型人才培养能力。推动校地、校企、校际和中外合作办学,深化应用型人才培养体制改革。拓宽产学研联合培养人才的渠道,深化产学研用结合。开展专业学位研究生、应用型本科和高职高专教育人才培养模式改革,创新应用型人才培养模式,提高应用型人才培养质量。

开展高等学校分类指导、分类管理的改革试点。制定高等学校分类管理办法和发展定位规划。分类建设一批同类高校办学联盟,指导高校联盟按照"抱团发展、集约办学"的思路,探索与经济社会发展需求协调发展的共建共赢新模式。分类重点建设一批省级示范高校和学科专业。

开展市、县(市、区)政府履行教育职责评价办法改革试点。完善督导考核体系，修订考核评价办法，引导和推动市、县（市、区）政府切实落实保障教育优先发展的责任。拓展督导考核范围，把市、县（市、区）和乡镇党委政府的主要领导和分管领导履行教育职责纳入考核内容，重点督查、考核各级政府教育经费投入、学校规划建设、师资队伍建设、城乡教育均衡发展的情况。强化督导考核结果的运用，把考核结果作为组织、人事部门任用干部的重要依据。

开展完善教育投入机制，提高教育保障水平改革试点。探索政府收入统筹用于优先发展教育的办法，完善保障教育优先发展的投入体制。根据办学条件基本标准和教育教学基本需要，研究制定各级学校生均经费基本标准。完善以政府投入为主、多渠道筹措教育经费、保障教育投入稳定增长的机制。

（六十一）组织实施重大项目。围绕教育改革发展战略目标，着眼于促进教育公平，提高教育质量，增强可持续发展能力，以加强关键领域和薄弱环节为重点，完善机制，组织实施一批重大项目。

义务教育学校标准化建设工程。结合国家义务教育学校标准化建设试点，按照《安徽省义务教育阶段学校办学基本标准（试行）》要求，以县（市、区）为单位组织，加强检查评估，落实全省各地标准化建设规划。实施校舍安全工程。开展抗震加固，提高综合防灾能力建设，使学校校舍达到重点设防类抗震标准，符合综合防灾安全要求。结合中小学布局调整、薄弱学校建设、寄宿制学校建设、初中学校建设等工程，合理配置教育资源，使义务教育学校师资、教学仪器设备、教学软件、图书、体育场地基本达标。实行督查评估，进行量化考核。

教师队伍建设工程。继续实施农村义务教育学校教师特设岗位计划，吸引高校毕业生到农村从教。加强农村中小学薄弱学科教师队伍建设，重点培养和补充一批边远贫困地区和革命老区急需紧缺教师。对中小学、幼儿园教师进行全员培训，组织校、园长研修培训。对专科学历以下小学教师进行学历提高教育，使全省小学教师学历逐步达到专科以上水平。加强中等职业教育"双师型"教师队伍建设。大力实施高校人才工程。

学前教育建设工程。结合国家农村学前教育试点建设，大力推进公办幼儿园建设,积极支持民办幼儿园发展。充分利用中小学富余校舍和社会资源,改扩建或新建幼儿园。对幼儿园园长和骨干教师进行培训。

职业教育基础能力建设工程。实施中等职业学校达标计划。实施职业教育专业建设提升计划。建设一批职业教育实训基地,提升职业教育实践教学水平。建设一批中等职业教育改革示范校、优质特色校和合格县级职教中心。建设高等职业教育示范校。建设一批示范性职业教育集团,促进优质资源开放共享。

高等教育质量提升工程。建设一批高水平大学,支撑区域经济社会发展。建设一批高水平学科专业,服务主导产业发展。建设一批高水平创新平台,推动创新型安徽建设。建设一批高水平人文社科基地,促进文化强省建设。培育一批以高水平领军人才为核心的创新团队,落实人才强省战略。继续实施高等学校思想政治理论课建设工程和教学质量与教学改革工程。实施研究生教育创新计划和皖北地区高等教育振兴计划。

特殊教育学校建设工程。改扩建和新建一批特殊教育学校,使设区的市和30万人口以上、残疾儿童少年较多的县(市)都有一所特殊教育学校。为现有特殊教育学校添置必要的教学、生活和康复训练设施,改善办学条件。对特殊教育教师进行专业培训,提高教育教学水平。

家庭经济困难学生资助工程。继续把家庭经济困难学生资助纳入省民生工程,不断扩大实施内涵。健全义务教育阶段资助政策,全面免除义务教育阶段学杂费,对农村学生和城市家庭经济困难学生免费提供课本并补助寄宿生生活费。逐步实行中等职业教育免费制度。建立健全普通高中家庭经济困难学生国家资助制度。建立有效管理机制,大力推进生源地信用助学贷款。健全高等学校毕业生学费补偿和助学贷款代偿制度。继续实行高等学校家庭经济困难学生就学"绿色通道"。建立普通高校全日制研究生的资助制度。

教育信息化建设工程。建设以第二代安徽省教育和科研网为核心的教育专网。大幅度提高中小学每百名学生拥有计算机台数,在中小学基本普及班班多媒体教学。重点加强农村学校信息基础建设,缩小城乡数字化差距,为农村中小学班级配备多媒体远程教学设备。建设有效共享、覆盖各级各类教育的数字化教学资源库和公共服务平台。基本建成高等学校"数字化校园"。构建较完备的省级教育基础信息库以及教育质量、学生流动、资源配置和毕业生就业状况等监测分析系统。完善全省教育视频会议系统建设,建立省级考务管理与服务平台。

留守儿童活动中心建设工程。建立完善农村留守儿童关爱服务体系,动员全社会的力量关心留守儿童的健康成长。充分发挥现有设施设备作用,整合相关资源,依托农村中小学校和乡镇综合文化站等场所,在全省农村地区建立农村留守儿童之家,配置图书、电话、电脑、电视机等,设置心理咨询平台,落实指导老师。统一建设标准,规范建设程序,完善服务功能。加强考核和管理,充分发挥建设项目效益。针对留守儿童的身心特点,积极探索和开展丰富多彩、生动活泼的教育活动,提高留守儿童的综合素质。

第十九章　加强组织领导

(六十二)加强和改善对教育工作的领导。各级党委和政府要切实落实教育优先发展的战略,把教育改革和发展纳入国民经济和社会发展总体规划。健全领导体制和决策机制,及时研究解决教育改革发展的重大问题和群众关心的热点问题。把推进教育事业科学发展作为各级党委和政府政绩考核的重要内容,完善考核机制和问责制度。各级政府要定期向同级人民代表大会或其常务委员会报告教育工作情况。建立各级党政领导班子成员定点联系学校制度。有关部门要切实履行职责,支持教育改革和发展。加强教育宏观政策和发展战略研究,提高教育决策科学化水平。

(六十三)加强和改进教育系统党的建设。开展创建学习型党组织活动,深入推进用马克思主义中国化最新成果武装党员干部、教育广大师生、指导教学科研实践。把全面贯彻党的教育方针、培养社会主义建设者和接班人贯穿党组织活动始终,坚持社会主义办学方向,牢牢把握党对学校意识形态工作的主导权。深入推动中国特色社会主义理论体系进教材、进课堂、进头脑。高等学校党组织要充分发挥在学校改革发展中的领导核心作用,中小学党组织要充分发挥在学校工作中的政治核心作用。加强民办学校党的建设,积极探索党组织发挥作用的途径和方法。加强学校领导班子和干部队伍建设,切实提高思想政治素质和办学治校能力。坚持德才兼备、以德为先用人标准,选拔任用学校领导干部。加大学校领导干部培养培训和交流任职力度。加强抓基层、打基础工作,健全高等学校的各级组织,扩大党组织的覆盖面,增强党组织的生机活力,严格按照标准和程序把优秀青年教师、优秀学生吸收到党内来。重视学校共青团、少先队工作,加强团干部和少先队辅导员的选拔和培训,支持共青团、少先队根据团员青年和少先队员的特点和需要,生动活泼地、富有创造性地进行工作。加强教育系统党风廉政建设和行风建设,完善体现教育系统特点的惩治和预防腐败体系。严格执行党风廉政建设责任制,加大惩治腐败力度,加强领导干部作风建设,以优良党风促校风带学风,坚决纠正损害群众利益的各种不正之风。坚持从严治教、规范管理,积极推行党务公开、政务公开和校务公开。

(六十四)切实维护教育系统和谐稳定。加强和改进学校思想政治工作,加强校园文化建设,深入开展平安校园、文明校园、绿色校园、和谐校园创建活动。重视解决好师生员工的实际困难和问题。完善矛盾纠纷排查化解机制,完善学校突发事件应急管理机制,妥善处置各种事端。加强校园网络管理。建立健全安全保卫制度和工作机制,完善人防、物防和技防措施。加强师生安全教育和学校安全管理,提高预防灾害、应急避险和防范违法犯罪活动的能力。加强校园和周边环境治安综合治理,为师生创造安定有序、和谐融洽、充满活力的工作、学习、生活环境。

第二十章 抓好组织实施

本《教育规划纲要》是指导全省今后一个时期教育改革与发展的纲领性文件,必须建立健全实施机制,周密部署、精心组织,确保各项任务落到实处。

明确目标任务,落实责任分工。贯彻落实《教育规划纲要》,是各级党委和政府的重要责任。要按照《教育规划纲要》的部署和要求,对目标任务进行分解,明确责任分工。省教育行政部门负责《教育规划纲要》的组织协调与实施,各有关部门积极配合,密切协作,共同抓好贯彻落实。

提出实施方案,制定配套政策。各级政府和教育行政部门、各级各类学校要从实际出发,提出实施的具体方案和措施,分阶段、分步骤组织实施。要把组织实施《教育规划纲要》与制定"十二五"规划、年度计划紧密结合起来。各有关部门要抓紧研究制定切实可行、操作性强的配套政策,全面推进教育改革与发展。

加强督促检查,确保落到实处。《教育规划纲要》确定的各项指标要纳入各级政府和相关部门综合评价和考核体系。要定期开展监测评估和督促检查。《教育规划纲要》的落实情况要通过教育督导报告等形式定期公布。对实施过程中的好经验、好做法,要及时总结、推广。

广泛宣传动员,营造良好环境。广泛宣传优先发展教育、建设人力资源强省的重要性和紧迫性。广泛宣传《教育规划纲要》的重大意义和主要内容,动员全社会进一步关心支持教育事业的改革与发展,为《教育规划纲要》的实施创造良好的社会环境和舆论氛围。

安徽省人民政府办公厅关于深入推进义务教育均衡发展的意见

皖政办〔2009〕88号

各市、县人民政府,省政府各部门、各直属机构:

推进教育均衡发展是义务教育的本质要求,是办好人民满意教育的必然要求。自2006年《安徽省人民政府关于进一步推进义务教育均衡发展的意见》(皖政〔2006〕54号)实施以来,各市、县(市、区)政府以保障每一个适龄儿童享受大体相当的义务教育为目标,扎实推进义务教育均衡发展,取得了较好成效。但是,我省城乡之间、地区之间的教育发展水平还有很大差距,让每一个适龄儿童"上好学"的问题亟待解决,义务教育均衡发展仍需深入推进。经省政府同意,现就深入推进我省义务教育均衡发展提出以下意见:

一、指导思想和工作目标

1. 坚持以邓小平理论和"三个代表"重要思想为指导,深入贯彻落实科学发展观,强化政府保障,建立和完善均衡配置义务教育资源的制度和长效机制,全面实施素质教育,规范办学行为,力求办好每一所学校,切实保障适龄儿童平等接受义务教育的权利。

2. 坚持分级负责、分步实施和分类指导、区域推进的原则,力争经过5年左右的努力,实现全省义务教育阶段适龄儿童少年入学机会均等,城乡之间、地区之间办学条件差距明显缩小,区域内学校之间教育教学质量、整体办学水平相对均衡,初步建立起义务教育均衡发展的政策和制度体系。

二、努力缩小校际办学条件差距

3.推进中小学布局调整。各县(市、区)政府要根据城乡建设发展规划和人口变动状况,在优先方便学生就近入学、切实保障适龄儿童接受九年义务教育的前提下,合理制定中小学布局调整规划和年度实施计划,因地制宜配置教育资源,妥善解决学校布局调整过程中出现的校舍闲置等问题。新建居民区需要设置学校的,应当与居民区的建设同步进行。

4.开展义务教育阶段学校办学标准化建设。各地要按照国家有关标准和《安徽省义务教育阶段学校办学基本标准(试行)》的要求,分步实施"一扩三建四提高",即扩展学生生活服务设施建设面,学生寄宿、卫生等条件基本得到保障;建设运动场地、实验室、教育信息化;提高图书资料配置水平、音体美器材装备水平、教师配备水平和管理水平。要结合实施中小学校舍安全工程,全面摸清义务教育阶段学校办学情况,对未达到基本办学标准的学校要制定规划,采取有效措施改造完善。纳入扩权强镇试点的镇,要率先建设1所标准化学校。力争经过5年左右的努力,使全省义务教育阶段学校基本达到办学标准要求。省将依据各地推进义务教育阶段学校标准化建设的工作力度和工程进度给予经费等奖励。

5.提高农村中小学教育质量和水平。深化农村中小学课程改革,建立教育教学质量监测评估体系和教学指导体系,加强教学指导和质量监测。提升信息化水平,农村中小学远程教育工程实现全覆盖,建设安徽教育信息资源平台,将优质教育资源传送到农村中小学,提高课堂教学质量。加强校外活动场所建设。鼓励各地开展城乡教育一体化、教育资源共享试点等区域性的改革实验。

6.加强中小学校安全工作。在学生中广泛开展交通安全、预防溺水、地震安全、人身安全等教育,健全和落实学校安全预警应急、联防联动、事故通报、责任追究等制度。加强农村寄宿制学校管理、校车安全管理,加强校舍安全隐患排查,保证校舍安全。

三、加强教师队伍建设

7. 配齐配强教师。各市、县(市、区)要严格按照有关规定,为所有中小学配齐合格教师。加强中小学教职工编制工作,提高农村学校教职工编制标准,实现同一县域内县镇学校与农村学校采用同一编制标准。组织实施农村义务教育阶段学校教师特设岗位计划,大力实施农村义务教育师资素质提升工程。实施义务教育阶段学校绩效工资制度,依法保障中小学教师平均工资水平不低于当地公务员平均工资水平。

8. 加强教师管理。加强校长、教师培训工作,落实培训经费,扩大培训规模,提高培训质量。强化教育行政部门对中小学教师队伍的统筹管理职能,保障其依法行使对中小学教师的资格认定、职务评聘、培养培训、调配交流、考核奖惩等管理职能。完善校长任用办法,县级教育行政部门归口管理、选拔任用、依法聘任校长,严格校长任职条件,积极探索校长职级制,逐步取消义务教育阶段学校校长的行政级别。

9. 完善教师、校长交流机制。各市、县(市、区)教育行政部门要加强本行政区域内教师资源的统筹管理和合理配置,着力加强城市薄弱学校和农村学校教师队伍建设,引导超编学校富余教师向缺编学校流动。推动校长、教师在校际、区域间合理流动,建立紧缺专业教师流动教学、区域内校长和教师定期交流、城镇教师到农村学校任教服务等制度,有计划地培养和选拔一批优秀校长和骨干教师到薄弱学校和农村学校任职任教,逐步扩大流动、交流比例。

四、规范办学行为

10. 严格执行划片招生、就近入学的政策。各级政府要指导教育行政部门和学校均衡生源安排,合理确定学校招生范围,及时公布招生办法和结果,严禁任何形式的选拔性招生,严禁使用非正当手段招揽生源,确保义务教育阶段学校招生公开、公正、公平。严格执行示范高中招收择校生"三限"政策,继续推行示范高中招生计划分配到初中学校的办法,到 2010 年招生计划分配到初中学校的比例达到 70% 以上,鼓励和支持同城示范高中联合招生。

11.规范教学管理。义务教育阶段学校不得设置任何形式的重点学校和重点班,班额控制在国家规定的标准以内。严格执行学籍管理制度,实行电子化学籍管理,如实报送学生有关信息。要严格执行国家和省颁课程计划,按规定开齐开足相关课程,严禁随意增减课程及课时。坚持学生每天锻炼1小时,保障学校开展团队活动和社会实践活动时间。

12.规范学校收费行为。严格执行义务教育经费保障机制各项政策,按照国家规定开展的教育教学活动等所需合理支出从公用经费中开支。坚决治理违规补课和乱收费行为,义务教育阶段学校不得收取借读费,不得以任何名义向学生和家长乱收费。

五、切实保障弱势群体学生公平接受义务教育

13.加强特殊教育学校建设。按照教育部、国家发展改革委《关于印发中西部地区特殊教育学校建设规划项目方案的通知》(教发〔2008〕25号)要求,认真做好我省65个特殊教育学校项目建设。各级政府要加强项目管理,确保工程质量,全面改善特殊教育学校办学条件。教育、民政、卫生、残联等部门要整合资源,统筹残疾人教育、康复和职业培训,提高特殊教育学校综合效益。

14.建立进城务工人员随迁子女就学的绿色通道。坚持"以流入地政府管理为主,以全日制公办中小学为主"原则,逐步扩大定点学校数量,进一步消除制度和政策性障碍,保障进城务工人员随迁子女在城镇就学、升学。对返乡的农民工子女,其户籍所在地学校不得拒收,保证他们尽快与当地儿童少年一样接受义务教育。

15.加强农村留守儿童教育管理。各级政府要实施农村留守儿童教育关爱工程,协调家庭、社会、学校共同做好农村留守儿童教育工作,探索加强农村留守儿童教育的管理制度和教育模式,切实解决农村留守儿童生活、心理和学习等方面存在的问题,促进农村留守儿童健康成长。

六、依法保障义务教育经费投入

16.完善义务教育经费保障机制。切实落实省、市、县（市、区）政府义务教育投入责任，将义务教育经费全面纳入财政预算，落实教育经费"三个增长"和新增教育经费主要用于农村的规定。认真落实义务教育经费保障各项政策措施，及时足额拨付义务教育经费，优先保障推进义务教育均衡发展所需资金。切实加强学校公用经费管理，提高资金使用效益。逐步提高寄宿制学校困难学生生活补助费标准，完善循环教材发放管理办法。

17.落实扶持措施。加大一般性转移支付规模，规范义务教育专项转移支付，增强皖北等困难地区义务教育保障能力。

七、完善推进义务教育均衡发展的工作机制

18.切实加强领导。各级政府要把深入推进义务教育均衡发展作为一项战略性任务，摆上重要议事日程，纳入本地经济社会发展总体规划，统筹制定政策措施和工作方案。建立分级管理、分级负责和以县级政府为主的推进义务教育均衡发展管理体制。省政府主要负责对全省义务教育均衡发展进行统筹指导和整体规划；市级政府负责指导本行政区域内义务教育均衡发展的实施工作，并进行监督；县级政府负责本行政区域内义务教育均衡发展的具体规划和组织实施。

19.建立省级推进义务教育均衡发展实验区。选择一批义务教育均衡发展工作基础较好、条件较为成熟的地区建立省级推进义务教育均衡发展实验区，探索推进义务教育均衡发展的工作措施，努力解决妨碍义务教育均衡发展的难点、热点问题，总结提炼推进义务教育均衡发展的成功经验，发挥示范带动作用，推动全省工作。

20.建立和完善义务教育均衡发展监测制度和激励机制。开展义务教育均衡发展检查考核评估，完善评估指标体系，加强义务教育阶段学校校际间差距的监测。省教育督导部门要把义务教育均衡发展状况作为督导评估县级人民政府和党政领导干部教育工作的重要内容，定期评估各地义务教育均衡发展状况。对推进义务教育均衡发展做出突出贡献的单位和个人给予表

彰奖励,并以适当方式公布。对未按规定均衡安排义务教育经费、改变或变相改变公办学校性质、举办重点学校和重点班、乱收费等违规行为,要严肃追究有关责任单位和责任人的责任。

各市、县(市、区)政府要根据上述意见,结合本地实际,制定实施方案,抓好工作落实,深入推进义务教育均衡发展。

安徽省人民政府办公厅
二〇〇九年七月二十日

关于印发推进安徽省县域义务教育均衡发展等三项改革实施方案的通知

皖教改〔2012〕1号

各市、县人民政府,省政府各部门、各直属机构:

省教育厅牵头编制的《安徽省推进县域义务教育均衡发展改革实施方案》、《安徽省完善农民工子女教育体制机制改革实施方案》和《安徽省规范办学行为减轻学生课业负担改革实施方案》已经省政府同意,现印发给你们,请认真组织实施。

安徽省教育改革和发展规划纲要领导小组
二〇一二年五月二日

安徽省推进县域义务教育均衡发展改革实施方案

为贯彻落实国家和我省《中长期教育改革和发展规划纲要(2010—2020年)》,全面深入推进义务教育均衡发展,根据国家开展教育体制改革试点的总体部署,结合我省实际,制定本方案。

一、指导思想

深入贯彻科学发展观,将义务教育作为教育工作的重中之重,将均衡发展作为义务教育的战略性任务和实现基本公共教育服务均等化的重中之重,坚持"政府主导、省市统筹、以县为主、区域推进"原则,深化体制改革,推进制度创新,努力缩小义务教育的校际差距、城乡差距和区域差距,深入推进全省义务教育均衡发展,保障适龄儿童少年平等接受良好义务教育,切实提高人民群众对教育工作的满意度,促进教育公平与社会和谐。

二、目标任务

按照义务教育基本均衡和优质均衡的两个层次,以县(含市、区,下同)为单位分步推进。基本均衡,指区域内义务教育学校标准化建设完成率达到30%,教学管理、质量达到国家与省颁标准和要求,通过省级以上教育督导评估验收,教学点办学符合最低要求的地区。优质均衡,指区域内义务教育学校标准化建设完成率达到85%以上,现代教育教学设施设备达到普遍运用,教育管理、质量符合国家与省颁标准和要求,通过省级以上教育督导评估验收的地区。

到2012年,全省50%的县实现县域内义务教育基本均衡。义务教育学校生均预算内事业费和生均公用经费标准不低于中部省份平均水平,初步形成全省义务教育投入均衡配置机制和补偿激励机制,建立校长和教师定期交流制度,标准化学校完成率达40%,70%的义务教育学校班额达到标准要求,市、县城区学校择校生控制在招生总额5%以内,完善保障农民工子女就学的长效机制,残疾儿童入学率达到85%以上。

到2015年,全省80%的县实现县域内义务教育基本均衡,其中20%达到优质均衡。义务教育学校生均预算内事业费和生均公用经费标准进一步提高,全面实施教师和校长定期交流制度,教育资源均衡配置机制基本建立,义务教育学校标准化建设基本完成,全省义务教育学校班额达到标准要求,市、县城区学校择校生得到进一步控制,农民工子女义务教育得到全面保障,残疾儿童入学率达到90%以上。

到2020年,全省所有县实现县域内义务教育基本均衡,其中40%实现优质均衡,现代化水平进一步提高。实现全省义务教育学校班额无超标,同城市区义务教育学校无择校,县域内学校办学条件无差别,城市流动人口子女就学无障碍。义务教育学校生均预算内事业费和生均公用经费标准达到或超过全国平均水平,义务教育学校布局合理,教育资源均衡配置机制进一步完善,学校办学条件、教师队伍配置均衡,管理水平、教育质量稳定提升,城乡、区域之间义务教育学校差距明显缩小,城乡一体化发展格局初步形成,覆盖城乡的义务教育公共服务体系基本建立。

三、改革措施

（一）建立义务教育资源均等配置机制。

1.建立教育公共财政投入稳定增长机制。按照财政资金优先保障教育投入、公共资源优先满足教育和人力资源开发需要的要求,确保实现法定"三个增长"。依法征收城市教育费附加、地方教育附加和从土地使用出让金中计提教育资金,并按规定比例用于改善义务教育办学条件。

2.建立义务教育发展规划统筹协调机制。各级政府按照合理布局、均衡发展、适度超前、够用适用的原则,科学编制义务教育发展规划。统筹教育发展和经济发展,将教育发展规划纳入城市建设和新农村建设规划,解决城镇化加速推进带来的中心城市和县镇教育资源紧缺的矛盾,解决流动人口入学同城同待遇问题。统筹优质资源扩大和薄弱学校建设,认真解决优质学校"大班额"与普通学校生源匮乏的矛盾,科学谋划寄宿制学校发展规划,解决农村学校规模发展和学生特别是留守儿童上学远的矛盾。实行教育行政部门参与规划的前置审核制度,实施各级教育专项规划提交上级教育主管部门备案制度,提高学校规划建设的科学性、合理性。

3.建立义务教育资源统筹配置标准。按照基本公共服务均等化的要求,根据国家办学条件基本标准和教育教学基本需要,制定办学标准、教师编制标准、生均经费基本标准和生均财政拨款基本标准、办学水平评估标准,均等配置义务教育资源。

4.建立校长教师定期交流制度。实行中小学校长负责制和任期制,校长全面负责学校工作,每届任期为3—5年,在同一所学校任职满两届的原则上应予以交流。逐步推行校长职级制,取消校长的行政级别。各级教育行政部门要按照管理权限,组织实行城区学校间、农村学区学校间的教师定期交流,推行城乡间教师支教、挂职等多种形式交流,实施城乡学校结对帮扶,加强薄弱学校师资建设。

5.保障特殊群体平等接受义务教育。完善留守儿童关爱服务体系,有针对性地解决农村留守儿童生活、学习等方面的困难和问题。完善进城务工人员随迁子女接受义务教育的保障措施,进一步消除制度和政策性障碍,保障进城务工人员随迁子女在城镇就学、升学得到平等对待。加强特殊教育,全面改善特殊教育学校办学条件,加强对普通学校特殊教育班和随班就读的指导和支持,完善特殊教育体系。

(二)推进城乡义务教育一体化建设。

1.完善农村义务教育经费保障机制。义务教育全面纳入财政保障范围,提高保障标准,强化保障能力。调整经费投入方向,优化分配结构,在注重硬件建设的同时,加大预算内教师培训、信息化建设、图书仪器配备等项支出所占比例,促进农村义务教育学校内涵建设。改善和提高农村教师待遇,加强农村学校教师周转宿舍建设,稳定农村师资队伍,吸引更多的优秀师资投身农村教育。建立教学点的最低保障标准,保证规模偏小、位置偏远、条件偏差的学校能够正常运转。

2.建立有利于教师向农村和薄弱学校流动的政策导向。城镇学校新进教师原则上先到农村学校任教2年以上,城镇中小学教师评聘高级教师职务、评选特级教师要有1年以上在农村学校任教经历。实施事业单位岗位设置管理制度和人员聘用制度,实现由固定用人向合同用人、由身份管理向岗位管理的转变;城乡学校教师实行统一的专业技术初、中、高岗位结构比例。优秀教师和先进教育工作者评选,向农村义务教育教师和管理人员倾斜。对新聘到全省"十二五"扶贫开发工作重点县县城以下(不含城关镇)学校任教的高校毕业生,享受提前定级待遇;转正定级时,薪级工资高定2级。对长期在农村基层和山区贫困地区工作的教师,在工资、职务评聘等方面实行倾斜政策,完善津贴补贴标准。对于布局调整后确需保留的不足100人的农村义务教育学校,在省下达的县域中小学教职工编制总额内,可以按照班师比调剂配备教师。

3.建立促进义务教育均衡发展的投入补偿机制。县级政府要切实落实发展义务教育的责任,建立义务教育资源均等配置和补偿机制,依法保障教育投入,落实义务教育基本办学标准,保证县域内学校之间资源配置均等,办学条件相当。加强省级统筹,通过加大专项转移支付力度,支持革命老区、山区、库区、皖北地区及其他贫困地区教育事业发展。

4.实施义务教育学校标准化建设。将标准化建设作为实施义务教育的重要任务,细化工作推进的时间表、路线图,建立信息管理平台、标准化建设验收制度。加强农村学校和城镇薄弱学校实验室、图书室、计算机室等功能教室建设,提高实验仪器设备和图书的装备水平。加强农村学校食堂、厕所、饮水设施建设,全面改善农村学校生活设施条件。实施县镇义务教育学校扩容工程,到2015年解决大班额问题。

(三)着力提升义务教育整体办学水平和教育质量。

1.改进中小学校长选任和管理制度。根据国家中小学校长任职资格标准,建立全省中小学校长资格准入制度,提高校长专业化水平。建立和完善校长负责制,实行中小学校长任期制、聘任制和考核制,逐步推行校长职级制。初中和小学校长由县级教育行政部门选拔任用并归口管理。县级教育行政部门主管教师工作,负责教师队伍的统一管理、统一聘用和调配工作。

2.创新中小学教师编制管理方式。以县为单位实行学校人员编制总量控制、统筹安排、动态调整。全省公办义务教育中小学校补充教师,一律实行公开招聘,严把"进口"关。积极探索建立新补充教师"省考、县管、校用"的制度,搞活学校内部用人机制,加强岗位管理,健全激励机制,完善教师转岗和退出机制。逐步实行教师资格定期登记制度,积极探索并制订教师资格制度与教师岗位聘用、培养培训、考核制度相结合的办法,形成激励教师终身学习和不断发展的机制。进一步加强以提高教育教学能力为核心的教师培训工作。

3.着力提升义务教育教学质量。更新教育观念,实施素质教育,着力培养学生的科学精神、创新思维、实践能力和健全的人格。完善课程方案,重视中小学生艺术、美术和体育健康教育。推进教育教学方式改革,切实处理好学生减负与提高教师教学效果的关系,重点提升教师课堂有效教学的能力。加强教育科研,充分发挥教研队伍和省基础教育课程改革专家咨询委员会的引领和指导作用。

4.建立义务教育质量监测制度。探索建立以年级和学段教育目标为基本标准,以学业水平测试和综合素质评价为主要实施途径的义务教育质量综合评价体系。加强对义务教育质量的监测和管理,将区域内中小学质量差异性监测纳入对各地义务教育均衡发展定性考核的核心内容。

5.大力提升信息化水平。进一步加强农村中小学现代远程教育工作,不断提高教育信息化普及和应用水平。到2015年,所有义务教育学校实现"班班通"。有条件的地方逐步为完小以上小学配备计算机教室。加强安徽省基础教育资源平台建设,建立义务教育学科专题网站,促进城乡优质教育资源共创共享,缩小城乡学校优质教育资源差距,促进教育质量整体提升。

(四)加强义务教育阶段学校管理。

1.加强对学校招生、收费、教学等方面的管理。重点在影响义务教育均衡发展的学校和班级设置、班额控制、招生和收费监管等方面建立规范。义务教育阶段全面取消重点班、重点校,实行"划片招生、免试入学",禁止任何形式的选拔性招生。严格控制择校,禁止同城借读,禁止任何与招生有关的捐赠行为。示范高中招生计划切块分配到初中学校,到2015年,各市、县分配到校指标不低于招生总额的80%,鼓励示范高中招生指标全部分配到各初中学校。中小学班额控制在国家规定的标准以内。禁止节假日补课和乱收费。

2.加强对义务教育阶段学校管理的监督检查。按照义务教育法律法规相关要求,开展执法检查,建立各级教育行政部门和学校规范办学行为情况年度公告制度。建立规范办学行为局长、校长责任制,开展行为规范示范校、示范县评估并实施奖励,取消达不到评估要求的学校评先评优资格和各类示范性学校称号,对违反办学行为造成恶劣影响的地区、学校和个人,严肃追究责任。

3.建立义务教育经费监管机制。县级以上政府应当将义务教育全面纳入财政保障范围,在财政预算中将义务教育经费单列,确保义务教育经费及时足额拨付、专款专用,并向本级人民代表大会常务委员会报告义务教育经费的决算情况。将义务教育资金均衡配置情况作为教育督导的重要内容,对于没有均衡资源配置、学校之间办学水平差异较大的地区,省教育主管部门在省有关教育资金和项目分配上予以调整,并不得申报省级示范高中。完善义务教育经费审计制度,建立教育内部预算管理审计制度,督促各地细化预算编制,硬化预算执行。

(五)完善义务教育管理体制。

1.建立设区市城区义务教育市级统筹、区级管理的管理体制。设区市承担统筹领导和宏观管理职责,区政府实施统一办学,统一管理;暂不具备条件的市,可采取市、区政府分级办学,分段管理,初中和小学的管办职责分别由市、区政府分担,但同学段教育应避免交叉管理。高等学校和企事业单位举办的义务教育学校的教学、招生等业务按照相应层级学校的管理体制,由市或区级教育行政部门统一管理。

2.实行农村义务教育学区管理。在以县为主的管理体制下,各县以中心学校为依托设立学区,学区内学校的师资、经费、教育教学等重大事项,由学区内的学校共同参加、民主决策、民主管理、民主监督。县级教育行政部门应当对学区内学校重大事项的决策和管理实施监督检查。

四、工作机制

(一)建立义务教育均衡发展的工作统筹机制。省政府成立领导小组,省政府分管负责人任组长,教育、发展改革、人力资源社会保障、财政、住房城乡建设、国土资源、税务等部门为成员,加强对全省义务教育均衡发展规划与实施的领导,部署推进义务教育均衡发展各项改革试点和实验项目。设区市政府负责统筹、指导和整体推进本市义务教育均衡发展,对县级政府推进义务教育均衡发展进行监督和考核,指导推进义务教育均衡发展各项改革。县级政府对推进县域义务教育均衡发展负主要责任,统筹教育资源,落实各项改革措施,提升义务教育均衡发展水平。

各级教育行政部门负责本地区义务教育均衡发展的具体规划、组织实施和日常管理。发展改革部门要将义务教育均衡发展纳入经济和社会发展总体规划,在项目安排上给予优先和重点支持。财政部门进一步完善义务教育经费保障机制和管理制度,发挥专项资金导向作用,促进义务教育均衡发展。机构编制部门根据国家和省机构编制管理有关规定,做好我省义务教育学校机构编制管理的政策制定和组织实施工作,保证学校教育教学需要。住房城乡建设、国土资源部门要把中小学建设纳入城乡基础设施建设统一规划,优先保障教育项目建设用地。税务部门加强教育费附加征收工作。乡镇(街道)要加强校园周边综合治理,为学校正常教育教学创造良好外部环境。

(二)建立义务教育均衡发展监测和评估验收机制。省建立县域义务教育均衡发展督导评估制度,重点量化监测各地县域内中小学办学水平、教育管理和质量的差异性,综合考核各市、县政府推进义务教育均衡发展的工作情况,以及人民群众对均衡发展的满意度。建立区域义务教育均衡发展状况主要指标发布制度,由政府教育督导机构定期向社会公布。县域义务教育均衡发展考核结果与市、县政府及其主要负责人的教育工作考核、教育强县考核挂钩。经省政府教育督导机构评估达到义务教育均衡发展要求的县,由省政府批准认定后上报教育部审核认定。以县为单位,建立义务教育均衡发展信息库,加强对县域内义务教育校际间发展差距的监测,及时纠正区域内教育资源配置不当或学校差距过大的现象。

(三)建立义务教育均衡发展工作问责机制。各市、县政府主要负责人是本区域内义务教育均衡发展工作的主要责任人,分管负责人是直接责任人,各市、县区域内在义务教育均衡发展过程中出现严重问题的,依照《义务教育法》及我省实施办法问责。

(四)建立促进义务教育均衡发展改革试点推进机制。鼓励各市、县结合实际,围绕义务教育均衡发展的重点领域和关键环节,积极申报改革试点项目,为全省深入推进义务教育发展创造经验。

附件:安徽省推进县域义务教育基本均衡发展规划表(2011—2020年)

附件：

安徽省推进县域义务教育基本均衡发展规划表（2011—2020年）

年度	2011	2012	2013	2014	2015	2016	2017	2018	2019	2020
实现义务教育基本均衡县（市、区）	瑶海区,庐阳区,蜀山区,包河区,杜集区,相山区,烈山区,花山区,雨山区,金家庄区,镜湖区,弋江区,鸠江区,狮子山区,铜官山区,三山区,岳西县,铜陵市郊区	田家庵区,八公山区,潘阳县,蒙城县,颍州区,颍东区,颍泉区,贵池区,琅琊区,南谯区,天长市,宣州区,迎江区,宁国市,大观县,岳西县,黟县,蚌山区,淮上区,龙子湖区,繁昌县,芜湖县,当涂县,铜陵县,南陵县,界首市,潇阳,颍东,南谯,霍山,广德,宜秀,徽州区,禹会区,固镇	长丰县,肥东县,肥西县,埇桥区,巢湖市,休宁县	谢家集区,潘集区,大通区,金安区,裕安区,桐城市,石台县,东至县,青阳县,祁门县,歙县,五河县,怀远县,砀山县	泾县,绩溪县,旌德县,含山县,和县,全椒县,来安县,濉溪县,无为县,屯溪区	明光市,凤阳县,定远县,灵璧县,凤台县,郎溪县	太和县,舒城县,枞阳县,庐江县	潜山县,金寨县,怀宁县,泗县,颍上县	霍邱县,大湖县,宿松县,望江县,寿县	临泉县,阜南县,利辛县,萧县
通过认定数量	17	33	6	14	11	6	4	5	5	4

56

安徽省完善农民工子女教育体制机制改革实施方案

为贯彻落实国家和我省《中长期教育改革和发展规划纲要(2010—2020年)》,切实保障农民工随迁子女和农村留守儿童平等接受义务教育权利,根据国家开展教育体制改革试点的总体部署,结合我省实际,制定本方案。

一、指导思想

深入贯彻落实科学发展观,围绕"随迁子女"和"留守儿童"两个主体,坚持政府统筹协调,社会力量参与,学校、家庭、社会配合,校内教育与校外教育相结合,完善政策措施,加大各级财政投入,实化推进项目,加强督查考核,构建进城务工农民随迁子女平等就学体系和农村留守儿童健康成长关爱服务体系(以下简称"两个体系"),使所有农民工子女都能接受良好的义务教育,获得平等的发展机会,促进教育公平。

二、目标任务

到2012年,坚持以输入地政府管理为主和公办中小学为主(以下简称"两个为主"),进一步完善农民工子女接受义务教育的有关配套政策,农村留守儿童之家建设民生工程项目和农村寄宿制学校建设项目扎实推进,初步建成"两个体系"。

到2015年,切实推进农民工随迁子女平等就学,强化留守儿童之家的日常管理、活动开展和内涵建设,实现"全覆盖、全关爱、系统化、网络化"工作目标,基本建成"两个体系"。

到2020年,建立政府主导、社会参与的农村留守儿童关爱服务体系和进城务工农民随迁子女动态监测机制。"两个体系"更加健全完善,农民工随迁子女和农村留守儿童义务教育权利得到充分保障。

三、改革措施

(一)构建进城务工农民随迁子女平等就学体系。

1. 坚持"两个为主",保障同等待遇。各级政府要认真落实《义务教育法》和我省实施办法,将农民工子女教育全面纳入经济社会发展总体规划。进一步完善就学服务体系,扩大并统筹配置教育资源,改善接受进城务工农民随迁子女学校的办学条件。坚持输入地政府管理为主,公办学校为主,保障随迁子女在城市享有与城市孩子同等就学权利。公办学校按照"就近划片,一视同仁"的原则承担接纳进城务工农民随迁子女入学的任务。对于进城务工农民较多、就学矛盾比较突出的城市,现有的教育资源一时难以以"就近"原则接受较多的农民工随迁子女,可暂时采取建设和保留定点学校的方式,合理确定服务范围,简化入学程序,及时告知进城务工农民。积极创造条件,到2015年前过渡到就近划片招生。进城务工农民随迁子女与城区学生统一编班,在学生管理、评优奖励、入队入团、考试竞赛、文体活动等方面,与城市儿童少年同样对待。

2. 积极开发资源,消除就学障碍。输入地政府要以输入地公办学校接收为主,以定点就读学校为必要补充,充分挖掘公办教育资源,合理规划学校布局,切实解决进城务工农民随迁子女就学问题。凡进城务工农民持有户籍证明、暂住证明、务工证明(具体由各地根据实际确定),其随迁子女按就近划片招生政策执行。严禁人为设置进城务工农民随迁子女就学障碍,严禁举行任何形式的入学考试或测试,严禁以任何理由和任何名义向进城务工农民子女收取"借读费"、"赞助费"、"捐资助学费"、"共建费"等。

3. 完善输入地升学政策和经费保障政策。在全省范围内继续实行并完善进城务工农民随迁子女在输入地参加初中毕业学业考试和报考高中阶段学校的政策,并与输入地学生享有同等政策待遇,进一步清除进城务工农民随迁子女升学障碍。加大省级统筹力度,按照进城务工农民随迁子女的实际人数拨付教育经费。各级政府将进城务工农民随迁子女义务教育公用经费纳入接收学校的经费预算中统筹安排,对接收学校予以经费支持和奖励。从2012年秋季学期在省内实施进城务工农民随迁子女教育券制度,财政部门将流出地补助的公用经费划拨到流入地。同时,将家庭经济困难的学生纳入输入地家庭贫困学生救助范围。

4.积极完善服务,提高保障质量。各输入地教育主管部门和学校要积极采取措施,优化教育教学管理和环境,切实提高进城务工农民随迁子女就学质量。加强对进城务工农民随迁子女教育研究,开展针对性教育活动,帮助他们了解城市,融入学校,快乐生活。输入地接收学校要建立进城务工农民随迁子女基本信息登记制度,为每一位学生建立、完善成长档案,包括学生的学习情况、身体素质、家庭基本情况、家长务工单位及联系方式等信息,加强与家长的联系沟通,跟踪管理。

(二)构建农村留守儿童健康成长关爱服务体系。

1.健全农村留守儿童关爱服务体系。完善党委领导、政府统筹、部门联动、学校主导、家庭配合、社会参与的留守儿童关爱工作机制,形成职责明确、责任到人、分工协作、全面覆盖的工作网络,建立学习生活保障体系。通过开展关爱活动,努力为留守儿童的健康成长营造良好的环境。

2.加强农村留守儿童之家建设。在全省农村地区建立2万个农村留守儿童之家、1300个留守儿童活动室,覆盖全省所有农村中小学校和乡镇。加强留守儿童之家的内涵建设,加强与乡镇综合文化站、文化信息资源共享工程基层服务点、农家书屋、农民体育健身工程等文化惠民工程的资源整合和共享,开展农村留守儿童课外文体活动,培养孩子道德行为能力、社会实践能力、团结协作能力和社会适应能力。到2012年,使全省农村义务教育阶段留守儿童校内有监管,课余有去处,得到政府、学校及社会各方面的关爱。

3.加快农村寄宿制学校建设。统筹中小学校舍安全工程、农村中小学寄宿制工程和薄弱学校改造等项目和资金,科学规划,合理布点,建设农村中小学寄宿设施和农村留守儿童校外活动场所,扩展和完善学校的日常生活服务设施,满足农村留守儿童的寄宿要求和生活需求。

4.积极探索社会化、市场化服务管理模式。鼓励社会力量投资建设、举办各种形式的农村留守儿童服务中心,面向市场,服务社会,扩大农村留守儿童服务资源,满足农村留守儿童生活服务的多样性需求。

5.建立和完善各项制度。进一步完善农村留守儿童救助保障和医疗保健制度、驻村民警和乡镇司法助理员联系农村留守儿童制度、校园及其周边文化环境综合治理制度、留守儿童档案制度和统计年报五项制度,加强农村留守儿童心理健康教育和家校联系,强化家庭、社会、学校三方职责。认真落实省校内留守儿童之家建设和管理办法,健全工作机制,规范日常管理。

6. 发挥学校在留守儿童关爱工作中的主阵地作用。根据农村留守儿童的实际情况,动员和组织学校教职员工对他们进行"一对一"结对帮扶,及时掌握农村留守儿童的思想、学习、生活情况及困难,并及时帮助解决。通过组织丰富多彩、生动活泼的活动,引导农村留守儿童树立自信大方、乐观向上的生活态度。以心灵关爱为重点,高度关注留守儿童的心理需求,积极开展丰富多彩、生动活泼的教育活动,提高留守儿童的综合素质,促进留守儿童健康成长。

四、组织实施

(一)建立领导协调机制。各市、县要从完善工作体制机制入手,健全农民工子女教育协调机制和联席会议制度,明确职责分工,加强协调配合,及时解决问题。建立教育部门牵头、有关部门协同,一级抓一级、层层抓落实的工作网络。

(二)健全基层网络体系。根据农民工子女生活、学习、管理、教育、帮扶等方面的需求,引导和帮助基层建立健全"五大网络":以村委会、留守儿童监护人、代理监护人和代理家长为主体,建立健全家庭监护网络,重点加强对留守儿童日常生活和安全的监护;以学校和教育行政部门为主体,建立健全教育管理网络,重点负责对儿童思想道德教育、心理健康和良好行为习惯的培养和学习生活管理;以基层组织为主体,建立包保责任制,健全帮扶保障网络,重点解决好农民工子女的生活困难;以基层公安、司法机构为主体,建立健全权益维护网络,确保农民工子女的人身安全;以关工委、共青团、妇联等社会组织为主体,建立健全社区爱心网络,从不同方面给农民工子女以关爱。动员方方面面的力量,真正构建起学校、家庭、社会"三位一体"、"覆盖到边,监护到位,关爱到人"的农民工子女动态管理网络。

(三)健全目标管理责任制和考核奖惩制度。完善关爱农民工子女工作监督检查和考核标准,加强对各地、各有关部门农民工子女工作的专项考核,把农民工子女工作纳入对县级党政领导干部教育工作督导考核,纳入义务教育监测指标体系和教师考评考核,监督检查和考核结果以适当方式公布。建立农民工子女工作激励与约束机制。发挥农村留守儿童工作示范区和随迁子女就学示范区的示范辐射作用,评选示范学校,对农民工子女工作成绩突出的地区、单位和个人给予表彰和奖励。

(四)加强理论研究和社会宣传。加强对关爱农民工子女工作的理论研究和专题研究,制定并完善保护、关爱农民工子女的政策法规,不断增强工作的针对性、实效性。各新闻媒体要多形式、多渠道宣传关爱农民工子女工作的重要性、必要性,宣传关爱农民工子女工作的先进典型,宣传农民工子女的自强精神和先进事迹,营造全社会重视、关心、支持农民工子女教育工作的氛围。

安徽省规范办学行为减轻学生课业负担改革实施方案

为贯彻落实国家和我省《长期教育改革和发展规划纲要(2010—2020年)》进一步规范办学行为,切实减轻学生课业负担,根据国家开展教育体制改革试点的总体部署,结合我省实际,制定本方案。

一、指导思想

深入贯彻落实科学发展观,把关心学生身心健康、减轻学生课业负担作为教育工作的重要任务,坚持政府统筹、全省联动、整体推进,坚持依法规范、行政推进,坚持标本兼治、深化改革、提质增效,坚持建章立制、综合治理,坚决纠正各种违背青少年身心发展规律和教育教学规律的不规范办学行为,切实减轻学生过重的课业负担,促进素质教育扎实深入开展。

二、目标任务

到 2015 年,基本建立要求明确、责任落实、措施固化、监督常态、齐抓共管的长效机制,初步形成政府引导、部门负责、学校主抓、家庭配合、社会支持的工作局面,全省中小学办学行为基本符合规范,学生课业负担明显减轻,家长和社会满意度提高。

到2020年,建立适应实施素质教育要求的高质量、轻负担的制度体系,全省中小学办学行为符合规范,学生课业负担符合规定要求,整体教育质量明显提高,家长和社会基本满意度有较大提高。

围绕上述目标,完成以下减负任务:

1. 规范课程开设,控制课时总量。市、县(含市、区,下同)政府按照编制标准配齐配强中小学各科教师,督促学校开齐开足国家规定课程,重视音、体、美、信息技术、综合实践活动特别是研究性学习等课程的开设和教学,确保中小学生每天体育锻炼1小时。学校不得随意加深课程难度、随意增减课程和课时、赶超教学进度和提前结束课程。未经省级教育主管部门同意,不得组织学生参加各种违背教育规律的竞赛。除普通高中毕业班学生周六可以安排半天时间开展研究性学习、社会实践活动或社团活动外,禁止中小学校以任何名目在双休日、寒暑假和其他法定节假日组织学生集体上课补课。

2. 规范作息制度,控制学习时间。保证学生休息权、双休日的自主支配权、晚自习的自主学习权。严格遵守国家课时规定,走读生每天在校教学活动时间,小学、初中和普通高中分别不超过6小时、7小时和8小时。不得组织走读生集体晚自习。控制寄宿制学校学生晚自习结束时间。

3. 规范作业布置,控制作业数量。优化作业内容,改进作业方式,提高作业质量。小学一、二年级不留书面课外作业,控制小学其他年级、初中和普通高中课外作业量。倡导改进作业方式,义务教育阶段积极推行"课外零负担书面作业"模式,鼓励当堂作业;指导学生在完成书面作业的同时,完成与自然、社会、生活相关联的社会实践性作业;增加学生课后阅读量。

4. 规范考试行为,控制考试次数。义务教育阶段学校坚持免试就近入学原则,不得违规提前招生和举行任何形式的选拔性考试,不得以各种学科竞赛成绩、特长评级作为录取依据。加强日常考试管理,减少考试次数,提高考试质量。小学一、二年级只进行期末考试,不得组织期中考试。普通高中禁止任何单位和个人组织跨地区的统考、模考。初中学业水平测试成绩和学生综合评价作为高中录取的依据。初中、高中学业水平测试,由省级教育主管部门根据课标和考纲要求统一命制,各地组织考试录取。各地、各校严禁以考试成绩给班级、学生排列名次(座位、考场)。推行小学、初中日常考试成绩无分数评价。切实加强中考、高考信息管理,除考生本人外,各级招生机构一律不准向其他任何单位和个人提供考生报名信息、考试成绩以及录取信息。各市在通知高考成绩和录取结果时,也要采取相应措施,确保将考生成绩和录取通知书直接发放给考生本人。

5.规范学生用书,控制滥用教辅。严格执行国家教辅材料管理政策,加强对中小学教辅材料使用的管理。任何学校不得以任何名义统一征订教辅材料。

6.规范办班行为,控制过度竞争。禁止义务教育阶段学校以任何名义分重点班和非重点班。禁止普通高中举行各种加重学生课业负担的活动或办班。禁止示范高中在校内举办复读班和招收复读插班生。禁止中小学组织奥赛班。禁止幼儿园举办蒙氏、外语、奥数、珠心算等违背幼儿身心规律的特色班、兴趣班、实验班,禁止幼儿园参加收取费用的竞赛、展演等活动。

7.规范教师行为,加强收费管理。教师不得对学生实行有偿家教、有偿补课,不得私自在校外兼课、兼职。教师要尊重学生人格,不歧视学生,不体罚、变相体罚学生,关心帮助学习困难的学生,保护学生合法权益。按照国家规定开展的教育教学活动等所需的合理支出,从学校公用经费中开支,不得自行以任何形式向学生和家长收费。普通高中、幼儿园按规定的项目和标准收费。实行收费公示制度,做到收支两条线。按规定代收费的,及时结账,结余费用及时退还给学生。

8.规范社会行为,维护学校秩序。减轻学校的社会负担。有关部门组织各类考试,不得挤占正常的教学时间;有条件的地区,原则上不安排在中小学校。不得组织中小学生、幼儿参加各类庆典活动和迎送活动。

三、改革措施

(一)推进教育改革,提高课堂教学的有效性。

1. 转变教育观念。引导各级教育部门、学校准确把握教育发展的主题,树立全新的教育观念,进一步掌握素质教育的基本理念和基本要求,提高落实八项"规范"的自觉性,并将其贯穿各级教育部门、学校和教师的教育、教学、教研和管理行为全过程。

2. 创新教学模式和方式。以打造优质高效课堂为重点,总结推广先进科学的课堂教学方式方法。积极推行先进教法,评选推荐一批观念新、内容精、方法当、手段活、效果好的课堂教学范例。遵循因材施教的原则,创新分层教学模式。根据不同学生现有的知识和能力水平,确立不同层次的教学目标、达成标准和教学要求,分层设计作业和试卷。建立帮扶学习困难生制度,提高整体学业水平的合格率,在跳级、选修更高学段课程、提前参加学业水平测试等方面给成绩优异的学生政策支持。完善普通高中学分管理制度,有条件地区推行"走班制"教学。高中学生必须修满规定的所有学分,经学业水平测试合格后方可毕业。

3. 优化教学过程。教师要以优质高效为目标,根据课程标准和学生学业基础,提出恰当的教学目标和实在的教学内容,切实增强各项教学活动的针对性。要对课前预习、课堂学习、课后作业练习等进行系统思考,整体设计,积极引导师生互动,不断优化教学过程,提升教学效果。要积极开展家访等活动,及时了解学生特别是留守儿童的情绪、学习、生活等情况。学校要建立完善优化教学过程的管理制度和评价机制,加强对教学全过程的协调、监督、指导。开展全省中小学学业水平合格率和优秀率的评测,将其作为教育质量监测的重要内容。

4. 改革考试评价制度。逐步改变以单一的考试成绩评价学生的做法,减少考试次数,提升考试质量,逐步加大学生综合素质评价在中高考录取中的作用。完善小学综合素质评价制度,充实内容,将评价结果与小学毕业挂钩,改进小学生毕业证书的呈现方式。积极推进高中招生录取实行学生学业成绩等级评价加综合素质评价的方式,继续扩大示范高中分配到初中的招生指标,降低录取分数限制,鼓励教育发展相对均衡地区开展高中指标全分配,鼓励各地示范高中试行联合招生。逐步构建符合教育规律的考试和录取方式。

深化高、中考命题改革,强化与推进基础教育课程改革、减轻学生课业负担工作的对接,建立对初中学业水平测试和高考命题质量评测制度,把控考试命题的难度,提高考试命题的效度。

5.跟进教研指导。出台课标贯彻执行和教育教学常规管理意见,加强对教育教学方式方法改革的指导,帮助中小学提高打造高效课堂的实施水平。建立和扩大专家队伍,通过建立网络平台、联片教研等方式,开展多种形式的教师培训和校本教研的指导。建立学校开展综合素质评价和课程开设状况的网上监测平台,实施学科教学教研分析年报制度,加强对教学过程的监督。

6.提升教师整体素质。加强教师师德教育,开展教师职业道德教育和业务培训,提高教师专业化水平。重视培养理念先进、精于管理、敢于创新的校长队伍。不断完善和健全名优教师培养与管理制度,在评职、评优方面凸现教学水平和实绩,健全教师研修工作的管理机制,设置多元化的绩效目标,实施定量与定性相结合的评价方法,着力培养高素质的教师团队。

7.加强对学生的心理关爱。各级教育部门和学校要高度重视心理健康教育工作,提高教师心理健康教育的知识和能力,根据学生年龄特点和个性差异,采取科学的教育方法,缓解学生学习生活的压力,排解他们成长中的烦恼,培养学生积极、乐观、向上、抗挫的心理品质,促进学生人格健全发展。积极创建和谐校园,努力把学校建成学生健康成长的乐园。改善学校心理健康教育的条件,普通高中建立心理咨询室,多渠道实施心理健康教育。关注学生的情绪变化,特别要创造性地做好进城务工人员随迁子女、农村留守儿童以及家庭经济困难学生、学习困难学生等群体的心理辅导。

(二)依法严格管理,加大行政监督力度。

1.加强民办中小学、幼儿园管理。规范民办学校招生考试、学籍档案、教育教学、办园命名等办学行为。民办学校面向中小学生举办艺术、体育、科技等培训班必须依法办理审批备案手续,并严格落实各项管理制度。民办学校发布招生广告必须到批准办学的审批机关进行备案,不得欺骗和误导学生及家长,不得做不负责任的许诺。

2.健全信息反馈系统。综合运用教育门户网站、安徽教育微博和义务监督员等渠道,形成信息反馈系统,及时浏览、受理、调查、反馈投诉咨询信息,认真办理投诉咨询、意见和建议,加强对违规行为的监控。完善来信来访处理制度,建立各地工作月报制度和定期分析报告制度。

3.切实加大教育执法力度。研究制定教育行为规范指导意见,从行政管理、教育教学、督导检查等方面提出促进行为规范实施细则,明确规范要求,强调行业精细化管理,构建科学监管体系。完善教育行政执法监督机制,逐步实现规范中小学办学行为、减轻学生课业负担的制度化、规范化。建立减轻学生课业负担责任区制度,加强对辖区规范办学情况的随机检查,建立全方位、经常化的督查机制。各级政府及教育行政部门每年要在辖区主流媒体公布随机检查结果,主动接受社会监督。

(三)建立长效机制,保障减负工作常态化科学化。

1.建立学校教学活动公开公示制度。学校通过校务公开栏、校园网、给家长书信等途径将实际使用的课程表、作息时间表、教师任课任职表、课外文体活动安排表、作业量表进行公示,接受监督。

2.建立学生课业负担政府监测公告制。围绕规范办学行为要求,实施年度监测。委托统计机构进行科学的调查统计,由省教育行政部门定期向社会公告。

3.建立基础教育质量监测制度。以区域内学生学业合格率达成水平和综合素质表现为主要内容,建立省、市、县三级教育质量监测体系,实行定期监测,在规定范围内公告。

4.建立减负工作激励机制。建立符合减负要求的督导评价机制,将市、县政府及其教育主管部门和学校减负工作作为督政督学的重要内容,适时开展专项督查,督查结果与党政领导干部教育工作督导考核和教育部门年度目标管理考核等挂钩。开展教育行为规范市、县、学校评估。

5.各级政府依法执行国家有关减负的各项政策和措施。将减负工作纳入相关工作考核内容,维护师生身心健康,改善对教育主管部门、学校考核评价制度和办法,不下达升学指标,不统计、不公布升学人数、升学率等中考、高考信息,不依据升学考试成绩对学校进行排名排队,不以升学考试成绩作为奖惩学校的标准。

6.实施教育行政问责制度。对违反减负规定的中小学、幼儿园,一律取消各类教育荣誉称号以及各类教育荣誉称号的申报资格,且两年内不得再申报。对于因监管不力、查处不力,违规行为问题严重的地区,取消当地当年和次年市教育局考核优秀等次、评选教育强县、目标管理考核先进市、申报省级示范高中、优秀省级示范高中、特色学校、一类幼儿园等资格,并视情节轻重,按照规定予以处分,查处结果通报全省。对于违规的民办学校,视情节轻重,给予教育、通报批评,直至责令停止招生、吊销办学许可证。

四、组织实施

(一)落实政府责任。坚持正确的教育方向,加强对减负工作的领导。树立全面的质量观和科学的政绩观,将减负作为落实国家教育方针的必要内容纳入各级政府重要的议事日程,统筹规划,整体推进。按照"属地管理"和"谁主管、谁负责"的原则,建立政府统一领导、有关部门协同配合、教育部门具体组织的职责明确、分工协作的工作机制。建立减轻学生课业负担改革的联席会议制度,定期分析改革方案的实施情况,有针对性地提出目标任务、工作措施和要求,确定本地区工作重点,抓好工作落实。

(二)坚持齐抓共管。围绕推进减轻学生课业负担的改革内容,各级政府及相关部门、学校、家长相互配合支持,形成合力。要通过家长会、家长培训班、家访等形式,宣传减轻学生课业负担的重要意义和规定要求,引导社会、家庭对学校进行正确评价,理解支持学校采取的减负措施,树立正确的教育观念,掌握科学的教育方法,配合学校实施减轻学生课业负担工作。

(三)加强舆论宣传。利用报刊、广播电视、网络等媒体,大力宣传减轻中小学生课业负担改革工作的重要意义,宣传在减负背景下狠抓教学质量、实施素质教育的先进典型,引导全社会关心和支持学校减负增效工作,形成全省共同推进减轻学生课业负担改革的良好舆论环境。

安徽省教育厅关于落实基础教育三项改革实施方案的指导意见

皖教改〔2012〕2号

各市、县(区)教育局:

2012年5月,经省政府同意,省教育改革和发展规划纲要领导小组制定公布了《安徽省推进县域义务教育均衡发展改革实施方案》、《安徽省完善农民工子女教育体制机制改革实施方案》和《安徽省规范办学行为减轻学生课业负担改革实施方案》(简称"基础教育三项改革实施方案")。该方案在总结多年来我省基础教育改革发展实践经验之上,针对基础教育发展中存在的突出矛盾和问题,提出了一系列新要求,是今后十年我省基础教育改革的纲领性文件,各级教育行政部门和中小学幼儿园要高度重视,扎实实施,切实落实到各项工作中。为推动基础教育三项改革实施方案贯彻执行,现制定本指导意见。

一、指导思想

以党的十八大精神为指针,深入落实科学发展观,全面贯彻党的教育方针,全面实施素质教育,立足基本省情,遵循教育规律,以促进公平为重点,以提高质量为核心,解放思想,勇于创新,大胆突破,激发活力,建立有利于教育事业健康发展的体制机制。贯彻落实三项改革实施方案,坚持"政府主导、省市统筹、以县为主、区域推进"原则,深化体制改革,推进制度创新,分类改革,重点突破,着眼于基础教育的热点、难点问题,将实施方案的内容细化为若干个类别和项目,明确各项改革的目的、内容、步骤、责任单位,建立改革推进机制,按照规定动作不走样、自选动作积极实验的要求,全面推进基础教育各项改革,同时,建立若干改革实验区,实行行政牵头、专家参与、上下结合的实验项目指导,促进实验地区超前改革,先行先试,创造经验,推广全省。

二、指导类别

(一)基础教育管理体制改革类。

1.建立设区市城区义务教育的管理体制。

(1)改革目的:明确市、区义务教育管理职责,实行市级统筹、区级管理,避免多头、交叉管理,促进同一城区内义务教育学校之间的均衡发展。

(2)改革内容:①明确市级统筹领导和管理义务教育的职责,理顺市、区教育管理的关系。②实行以区为主的义务教育管理体制。③将高等学校和企事业单位举办的义务教育逐步交给所在地教育行政部门,实行统一管理。

(3)完成时间:2015年。

(4)牵头处室:基教处;责任处室:政法处、发规处、财务处、师资处、督导办、评估中心。

2.完善义务教育以县为主的管理体制。

(1)改革目的:理顺县级教育部门与政府相关部门、中心学校之间的关系,建立学区管理委员会,解决中心校管理缺乏有效监督等问题,促进学区内义务教育均衡发展。

(2)改革内容:①明确县级教育、人事、财政等主管部门的教育管理职责,按照人权、财权、事权相一致的原则,加大县级教育主管部门对校长教师、教育经费归口管理的统筹力度。②确定县级教育主管部门、中心学校、学区内学校的管理职责,实行分层管理、分层负责的管理机制。③以中心学校为依托设立学区,建立学区内学校平等参加的学区管理委员会,共同实施民主决策、执行、监督,学区内重大事项,由委员会集体决定。④明确中心学校与学区内学校的管理职责,实现学区内统一配置教育资源、建立统筹教学管理的工作机制,统筹实施教学研究、教育督导等活动。

(3)完成时间:2013年。

(4)牵头处室:基教处;责任处室:政法处、发规处、财务处、师资处、督导办、教科院。

3.建立现代学校管理制度。

(1)改革目的:确立现代学校管理观念,明确中小学校长、幼儿园园长的管理职责,建立完善相应的管理制度,实行民主管理、科学管理;深化学校人事制度改革,全面实行教师全员聘用制度和岗位管理制度,优化、均衡配置教师资源,增强教师队伍活力。

(2)改革内容:①改进中小学校长、幼儿园园长选任和管理办法,严格资格准入,积极推行校(园)长竞争上岗、公开招聘。实行校(园)长负责制和任期制,校(园)长全面负责学校、幼儿园工作,每届任期为3-5年,在同一所中小学学校、幼儿园任职满两届的原则上应予以交流。根据国家部署,试行中小学校长职级制,逐步取消校长的行政级别。②全面实行中小学、幼儿园教师全员聘用制度和岗位管理制度,坚持在核定的教职工编制总额内按需设岗、竞聘上岗、按岗聘用、合同管理,实现由固定用人向合同用人、由身份管理向岗位管理的转变,完善教师转岗和退出机制。③建立中小学教师"省考、县管、校用"体制,创新中小学教师编制管理、用人管理方式,积极探索试行"无校籍管理",由相应教育行政主管部门在编制内统筹管理,由学校根据需要按期聘用,动态调整,合理流动。④实行城区学校间、农村学区学校间的教师定期交流,推行城乡间教师支教、挂职等多种形式交流,实施城乡学校结对帮扶,加强薄弱学校师资建设。⑤明确校(园)长工作责任制,健全学校党组织、工青妇组织等,建立完善和严格学校教学、后勤、学生等管理制度和办法,实行规范管理。⑥建立家长委员会,实施社区教育,充分发挥家庭、社会参与学校管理、监督学校管理的作用,形成学校与家长、社会相互配合支持与协调的教育管理机制。

(3)完成时间:2020年。

(4)牵头处室:师资处;责任处室:政法处、基教处、督导办、教科院。

(二)基础教育办学体制改革类。

4.探索公办中小学、幼儿园的多种办学模式。

(1)改革目的:以扩大优质资源和扶持薄弱学校为重点,鼓励行业、企业等社会力量参与公办学校办学,激发各级各类学校的办学活力和生机。

(2)改革内容:①实施办园模式改革,探索公建民办、民办公助等多元化渠道办园的路子。鼓励优质公办幼儿园举办分园或合作办园,鼓励支持街道、农村集体和企事业单位等举办幼儿园。②鼓励在管理与质量较好的义务教育学校充分发挥自身优势,帮助、支持薄弱学校,采取兼并吸收、委托管理、举办分校、一校几区等形式,组建集团学校,提升整体办学质量。③普通高中坚持政府办学为主、全社会共同参与办学模式。促进普通高中的初中部分离。加强基础教育领域国际合作与交流,完善普通高中国际班管理办法。

(3)完成时间:长期。

(4)牵头处室:基教处;责任处室:财务处、民办教育处、师资处、外事处。

5.完善政策措施,扶持民办中小学、幼儿园发展。

(1)改革目的:依法支持和规范民办教育发展,保障民办学校办学自主权,维护民办学校师生合法权益,多渠道促进基础教育发展。

(2)改革内容:①完善民办义务教育阶段学生经费保障政策,使民办义务教育学生享受政府提供的同等标准的免费教科书、免除学杂费等项权益。②落实并完善相关优惠政策,在土地划拨、师资培训、学生资助、减免税费等方面,扶持民办中小学、幼儿园发展。③制定奖补政策,通过政府购买服务的方式,鼓励和支持民办幼儿园和中小学提供面向大众、收费较低、质量稳定的普惠性服务。④加强对民办教育的管理,制定民办中小学、幼儿园设立标准,严格审批程序,加强年检制度。完善民办中小学招生办班、教育教学等管理办法。对幼儿教育看护点实施分类管理。

(3)完成时间:2014年。

(4)牵头处室:基教处;责任处室:财务处、民办教育处、师资处、项目管理中心。

(三)促进基础教育公平发展类。

6.均衡配置教育资源。

(1)改革目的:落实政府实施义务教育的责任主体,实现区域内公共教育资源的合理、均衡配置,缩小区域内学校之间差距。建立对困难地区和困难群体的补偿政策,重视每一个地区和每一个学生的发展。

(2)改革内容:①建立依法投入的保障机制。按照中小学标准化建设要求,加大政府投入,提高保障标准。建立实现教育法定投入的监督机制和责任追究制度。②建立区域统筹为主的义务教育财政投入体制,探索区域内教育资源均等分配的模式和方法,基本实现区域内义务教育阶段学校规划标准、建设标准、经费分配标准、师资配置标准和收入标准的五统一。③建立普通高中保障机制。取消普通高中收费双轨制,建立政府、个人合理分担比例。科学制定高中学杂费收取标准,明确高中生均公用经费标准。④建立区域内教师定期交流制度。校长在同一所学校任职满两届的予以交流,市县按照管理权限,组织实行城区内学校之间、农村学区内学校之间的教师定期交流,推行城乡间教师支教、挂职等多种形式交流。⑤建立教育补偿机制。通过加大专项转移支付力度,支持经济欠发达地区教育事业发展。建立教学点的最低保障标准,保证规模偏小、位置偏远、条件偏差的学校能够正常运转。对农村基层和贫困地区工作的教师,在工资、津补贴、职务评聘等方面实行倾斜政策。落实特殊教育学校(班)学生生均公用经费标准不低于普通学校五倍政策,进一步改善办学条件。⑥建立进城务工人员随迁子女的关爱服务体系。按照"就近划片,免试免费,一视同仁"要求,全面保证随迁子女方便接受义务教育。进一步完善随迁子女就地参加中考升学的政策,实行省内随迁子女就地、外省籍考生在皖参加高考的政策。实施省内进城务工农民随迁子女教育券制度,将流出地补助的公用经费划拨到流入地,实行"钱随人走"。⑦建立学校留守儿童帮扶制度。每一所学校有留守儿童档案、有"一对一"结对教师、有专职或兼职心理辅导员、有免费亲情电话、有家校联系方式、有学习困难生的辅导制度、有留儿童活动场所和活动安排,发挥学校在留守儿童关爱工作中的主阵地作用。⑧实施公平、公开、公正的招生制度。义务教育阶段,按照划片、免试、免费入学的原则,在当地主流媒体公开学年度招生片区、招生计划、招生政策(含择校生政策);招生结束公开择校生人数,并将择校政策和原由报上一级教育主管部门备案。非义务阶段学校招生,教育主管部门在主流媒体公开招生计划、招生方式、招生政策和招生结果。建立省级招生年检报告制度和责任追究制度。凡违反公开原则和招生政策的,在全省公告,并追究相关教育主管部门和相关责任人的责任。⑨加强基础教育信息化建设。实现"校校通、班班通、人人通"目标,逐步缩小城乡办学条件差别。开通专递课堂(专题课堂),有计划实施区域内城乡同步课堂,实现城乡优质教育资源共享;建立网上教研模式,打通城乡教师交流通道,提高农村教师专业水平。⑩建立教育发展规划的统筹协调机制,实行教育行政部门参与规划的前置审核制度。做好区域内特别是县城的中小学、幼儿园布局规划。

(3)完成时间:2020年,其中⑥、⑦2014年完成。

(4)牵头处室:基教处;责任处室:发规处、财务处、师资处、督导室、体卫艺处、教科院、电教馆、装备中心、项目管理中心。

(四)减轻学生过重课业负担类。

7.规范中小学办学行为。

(1)改革目的:尊重教育规律,纠正违背青少年身心发展规律的不规范办学行为,切实减轻学生过重的课业负担。

(2)改革内容:①规范招生行为。义务教育学校实行划片免试就近入学,不得违规提前招生和举行任何形式的入学考试测试和选拔性考试。普通高中不得擅自组织任何具有招生性质的面试、测试等活动。②规范教学行为。学校不随意加深课程难度、随意增减课程和课时。学校双休日、寒暑假和其他法定节假日不组织学生集体上课补课。按规定控制学生在校学习时间,控制作业数量,减少考试次数,切实保证中小学生每天一小时校园体育活动,规范教辅材料使用的管理。

(3)完成时间:2015年。

(4)牵头处室:基教处;责任处室:民办教育处、师资处、督导办、体卫艺处、纪工委、教科院、治乱办。

8.推进教育教学改革。

(1)改革目的:转变教育观念,构建科学的教学模式、方法和评价制度,努力减轻学生过重的课业负担,全面提高教育教学质量,推进创新教育。

(2)改革内容:①深化课程改革。修订和完善全省课改指导意见,减少学科教学内容,降低教学内容难度,改进考试办法,科学布置作业,合理实施学习辅导。②改革教学模式。开展因材施教、分层教学,打造优质高效课堂等为重点的教学模式的改革试点,总结推广先进科学的课堂教学方式方法,提高整体教学效益。③实施创新教育。将学生创新精神和实践能力的培养融入教育教学之中。通过与国际交流、与高校合作、与社会相融等渠道方式,鼓励学校之间建立创新教育联盟,确立创新教育实验地区、学校,构建创新教育平台,促进创新教育。④提高德育工作实效。有针对性地确立德育工作内容,改进德育工作的方式方法,畅通德育工作的渠道途径,开展科技创新教育、学生研学旅行等活动,提高德育工作的实际效果。⑤促进普通高中多样化、特色化发展试点,在高中多样化课程设置、特色学校建设等方面实施探索,满足不同学生需求。⑥改善考核评价制度和办法。建立符合素质要求的覆盖教育主管部门、学校、教师和学生的评价体系。加大初中毕业体育考试成绩在学生综合素质评价中的权重。全省各地均实现不下达升学指标,不公布升学人数、升学率等中考、高考信息,不单纯依据升学考试成绩对学生、教师、学校和地区进行排名排队和奖惩的目标。⑦建立基础教育质量监测制度。以区域内学生学业合格率达成水平和综合素质表现为主要内容,建立省、市、县三级教育质量监测体系,实行定期监测,在规定范围内公告。

(3)完成时间:长期。

(4)牵头处室:基教处;责任处室:师资处、督导办、体卫艺处、教科院、电教馆、装备中心、评估中心。

9.建立完善的减负工作机制和制度。

(1)改革目的:建立完善管理制度,建立严格管理的监督检查体系,形成常态化、科学化的长效机制,保障减轻学生课业负担的各项政策措施贯彻落实。

(2)改革内容:①建立教学活动公开公示制度。学校通过多种途径将课程表、作息时间表、教师任课任职表、文体活动安排表、作业量表进行公示,接受监督,促进全面开齐开足课程。②建立学生课业负担政府监测公告制。委托统计机构进行科学的调查统计,实施年度监测,定期向社会公告。③建立减负工作激励机制。将减负作为各市县教育局年度工作目标管理考核重要内容。开展办学行为规范市、县、学校评估,表彰奖励办学行为规范的先进单位、个人。④实施教育行政问责制度。对违反减负规定的中小学、幼儿园,一律取消各类教育荣誉称号以及各类教育荣誉称号的申报资格,并视情节轻重,按照规定予以处分,查处结果通报全省。⑤健全信息反馈系统。运用教育门户网站、义务监督员等渠道,及时反映各地减负情况。⑥加大教育执法力度。加强教育行政执法监督。建立减轻学生课业负担责任区制度,随机检查,建立执法长效机制。

(3)完成时间:2015年。

(4)牵头处室:基教处;责任处室:政法处、民办教育处、师资处、督导办、体卫艺处、纪工委、教科院、装备中心、评估中心、治乱办。

三、实施方法和要求

(一)加强领导。省教育厅成立省基础教育改革试点项目实施领导组和专家委员会(名单另公布),审议基础教育改革的重大方针和政策措施,统筹协调改革发展中的重大问题,审定试点单位制定的改革实施方案,部署实施工作。各市、县(区)教育局相应地加强领导,推进先行试点项目。开展改革试点的地区和学校,把推进改革试点作为重要职责,及时研究新情况、新问题,总结经验、完善制度,确保试点工作顺利推进。

(二)重点指导。省教育厅在各地普遍实施基础教育改革的基础上,就一些重大改革项目和研究课题,根据各地自愿申报的情况,建立若干个改革实验区,并形成由行政牵头、专家参与、上下结合的实验工作协调组,对改革项目的实施进行研究和协调,促进实验地区超前改革,提前达标,创造经验,取得成果,向全省推广。

(三)监督检查。制定管理办法和考核标准,对各地改革的实施情况进行监督检查和考核,研究解决问题的政策措施,对试点实施过程中涉及的重大政策调整、出现的重大问题,及时报告省教育体制改革领导小组。设立全省基础教育改革创新奖,对于改革过程中积极探索、大胆实践、富有成效的地区和单位实施奖励。对改革实验成绩突出的地区授予"改革示范区"称号,促进试点转示范;对试点项目进行动态调整和补充,对措施不具体、保障不到位、成效不明显、群众不满意的试点项目,及时予以调整。

（四）加强宣传。充分发扬民主,广泛听取意见,动员各方面力量支持改革。充分调动广大师生员工和教育工作者的积极性,鼓励他们支持改革、参与改革、投身改革。坚持正确舆论导向,合理引导社会预期,做好政策宣传、解疑释惑的工作,增进共识、统一思想、典型报道、示范引导,营造全社会关心、重视、支持教育改革的良好氛围。

附件：1. 基础教育三项改革实施领导组人员名单及职责
      2. 基础教育三项改革试点第一批实验项目和试点单位
      3. 基础教育三项改革试点项目实施协调组分工及职责

安徽省教育改革和发展规划纲要领导小组
2012年12月17日

附件一：（略）

附件二：

基础教育三项改革试点第一批实验项目和试点单位

试点类别	试点项目	试点单位	教育厅牵头责任处室
基础教育管理体制改革	1.建立设区市城区义务教育的管理体制	合肥市、淮北市、马鞍山市、芜湖市、铜陵市、蚌埠市、安庆市、淮南市、黄山市	牵头处室：基教处 责任处室：政法处、发规处、财务处、师资处、督导办、评估中心
	2.完善义务教育以县为主管理体制	合肥市、阜阳市、亳州市、宿州市、安庆市、肥西县、石台县、涡阳县、枞阳县、阜南县、濉溪县、全椒县、繁昌县、和县、居巢区、霍山县、宁国市、临泉县、利辛县	牵头处室：基教处 责任处室：政法处、发规处、财务处、师资处、督导办、教科院
	3.建立中小学、幼儿园现代人事管理制度	合肥市、马鞍山市、芜湖市、淮北市、大观区、广德县、利辛县、霍山县	牵头处室：师资处 责任处室：政法处、基教处、督导办、教科院
基础教育办学体制改革	4.探索公办中小学、幼儿园的办学模式	阜阳市、安庆市、广德县、铜陵五中、蚌埠二中、合肥五十中、合肥师范附小、绩溪县实验小学、省政府幼儿园、田家庵第五幼儿园	牵头处室：基教处 责任处室：财务处、民办教育处、师资处、外事处
	5.完善政策措施，扶持民办中小学、幼儿园发展	合肥市、滁州市、宿州市、黄山市、谯城区、青阳县、寿县、舒城县、花山区、宣州区	牵头处室：基教处 责任处室：财务处、民办教育处、师资处、外事处、项目管理中心

续表

试点类别	试点项目	试点单位	教育厅牵头责任处室
促进基础教育公平发展	6.均衡配置义务教育资源	合肥市、芜湖市、铜陵市、马鞍山、亳州市、淮南市、淮北市、蚌埠市、滁州市、包河区、弋江区、大观区、颍东区、烈山区、黄山区、迎江区、含山县、绩溪县、八公山区、埇桥区、繁昌县、瑶海区、阜南县、临泉县、砀山县、铜官山区、涡阳中学、庐江县二中、灵璧县、贵池区、琅琊区、广德县、东至县、利辛县、蜀山区、长丰县、三山区、太湖县、青阳县、泾县、泗县、利辛高级中学、安工大附属中学、淮北市一中、利辛县一中、合肥一中、马鞍山二中、安庆一中、淮北一幼、阜阳文峰幼儿园	牵头处室：基教处责任处室：发规处、财务处、师资处、督导室、体卫艺处、教科院、电教馆、装备中心、项目管理中心、外事处
减轻学生过重课业负担	7.规范中小学办学行为	合肥市、芜湖市、马鞍山市、淮北市、萧县、枞阳县、芜湖市延安小学、天长市实验学校、肥东县撮镇学区中心学校、六安市皋城中学、寿县实验小学、淮北市实验高级中学、安庆市大观区石化三小	牵头处室：基教处责任处室：师资处、体卫艺处、民办教育处、督导办、纪工委、教科院、治乱办
减轻学生过重课业负担	8.科学提高教育教学质量	霍山县、东至县、旌德县、颍泉区、来安县、广德县、繁昌县、蒙城县第八中学、霍山县诸佛庵中学、涡阳县第三中学、安庆市石化一中、长丰县阿奎利亚学校、合肥七中、太和县胡总中学	牵头处室：基教处责任处室：师资处、教科院、电教馆、装备中心
	9.依法严格管理，加大监督检查	合肥市、阜阳市、池州市、六安市、庐阳区、长丰县、宿松县、铜陵县、旌德县、南陵县、花山区、固镇县、蒙城县	牵头处室：基教处责任处室：政法处、民办教育处、师资处、督导办、体卫艺处、纪工委、教科院、装备中心、治乱办

附件三：

基础教育三项改革试点项目实施协调组分工及职责

为充分发挥行政管理人员、专家学者、教学一线校长教师的优势，以项目为带动，以研究为支撑，以行政为组织，促进基础教育改革发展，经研究决定成立全省基础教育三项改革试点项目实施协调组，有关要求如下：

一、协调组构成

按照教育行政、业务专家、试点单位相结合的原则，协调组由省市县教育主管部门行政领导、高校与科研机构专家、省基础教育课程改革咨询委员、中小学校长教师等人员组成。协调组建立相应的工作机制，相互合作协调，推动改革项目的实验、试点。

二、协调组分工

按照改革试点项目的类别和内容，协调组分工如下：

（一）基础教育管理体制改革实验协调组。

协调组成员：

1. 省教育厅处室：基教处、政法处、发规处、财务处、师资处、督导办、教科院、评估中心。

2. 有关专家。

3. 试点实验地区的市县区教育局和学校负责人。

（二）基础教育办学体制改革实验协调组。

协调组成员：

1. 省教育厅处室：政法处、发规处、财务处、基教处、民办教育处、师资处、外事处、项目管理中心。

2. 有关专家。

3. 参加试点实验的市县区教育局和学校负责人。

（三）促进基础教育公平发展实验协调组。

协调组成员：

1.省教育厅处室：发规处、财务处、基教处、师资处、督导办、装备中心、电教馆、项目管理中心、评估中心。

2.有关专家。

3.参加试点实验的市县区教育局和学校负责人。

(四)减轻学生过重课业负担实验协调组。

协调组成员：

1.省教育厅处室：基教处、民办教育处、师资处、督导室、体卫艺处、纪工委、教科院、装备中心、教育评估中心、治乱办。

2.有关专家。

3.参加试点实验的市县区教育局和学校负责人。

三、协调组职责

1.加强对本组项目实施的组织。各组协调本组制定改革试点的政策措施，对项目实施进行风险评估，积极推进试点工作；协调改革试点实验单位结合自身实际，进行督促检查，落实改革措施，掌握改革动态，及时研究新情况、新问题，及时总结经验、完善制度。

2.协调本组制订改革试点方案。各组督促改革试点实验单位深入调研，充分协商，科学论证，制定试点实施方案，突出针对性、操作性、实效性，立足解决现实问题，创新体制机制，确定改革目标，采取改革措施。

3.加强对本组试点实施的督查。各组按照试点实施的情况，开展跟踪调研，及时了解情况，定期进行评估；帮助改革试点实验单位完善试点政策和规定；对于实施过程中发现的问题，认真研究，对于实验中的好经验、好做法、好成果，及时总结，并报告省基础教育三项改革实施领导组，提出交流推广、表彰奖励以及帮扶整改的建议。

四、方式和步骤

协调组根据省厅领导小组的部署，调查和研究基础教育三项改革全省面上推进情况和点上实验情况,每两个月召开一次协调会议,并向省厅领导小组汇报一次,提出工作建议,每一年对改革试点推进情况进行一次评估。

改革试点项目实施时间为 2011 年到 2020 年。分为四个阶段步骤:

1.制定方案阶段:2012 年下半年到 2013 年上半年,协调各试点实施单位在申报改革试点项目的基础上,进行科学论证,制定工作实施方案,确定项目实施目标和措施。

2.初期实施阶段:2013 年下半年到 2015 年,协调实施各个改革试点项目,对实施过程中存在的问题进行分析研究,通过专家引领、行政推动、基层参加,制定相关的政策措施,推动促进各地基础教育的改革与发展。

3.中期实施阶段:2016 年到 2018 年,对项目实施中的经验进行总结,确立一批实施典型和比较成熟案例,继续分析研究存在的问题,完善政策措施,予以矫正,组织项目推进效益中期评估,进一步促进基础教育改革与发展。

4.终期总结阶段:2019 年到 2020 年,全面分析总结项目实施的成效、经验、做法,提炼基础教育各项改革的成功模式,宣传推广基础教育改革先进典型、成熟案例,形成一整套、具有体系性的改革思路、政策措施,建立比较完善的基础教育发展的体制机制。

安徽省教育厅关于公布安徽省基础教育体制改革试点项目的通知

皖教基〔2012〕22号

各市、县(区)教育局:

为进一步深化基础教育体制改革,根据《安徽省中长期教育改革和发展规划纲要(2010—2020年)》和《关于印发推进安徽省县域义务教育均衡发展等三项改革实施方案的通知》(皖教改〔2012〕1号)部署,在各地申报的基础上,经过专家组认真评审,确定12类30个省级教育体制改革项目在我省102个市、县(区)教育局和学校开展试点。现将有关事项通知如下:

一、总体要求

改革试点的指导思想是:全面贯彻党的教育方针,坚持社会主义办学方向,立足省情,遵循教育规律,以服务大局为导向,以促进公平为重点,以提高质量为核心,解放思想,勇于实践,大胆突破,激发活力,努力形成有利于教育事业科学发展的体制机制,不断提升人民群众教育幸福指数。

改革试点的基本原则是:坚持以人为本,着力解决重大现实问题。从人民群众关心的热点难点问题入手,着力破除体制机制障碍,把办好人民满意的教育作为推进教育改革的出发点,把能否促进人的全面发展、适应经济社会需要作为检验教育改革的根本标准。坚持统筹谋划,确保改革协调有序推进。搞好总体设计,正确处理改革、发展和稳定的关系,把立足当前与兼顾长远相结合,把完成国家改革试点与推进省级改革试点相结合,着眼于事关全省的关键领域和薄弱环节,有计划、有步骤地扎实推进,确保改革的科学性、系统性。坚持因地制宜,鼓励各地各校积极试验。充分考虑城乡之间、区域之间、各级各类学校之间的差异,充分发挥地方、学校和师生的主动性、积极性、创造性,充分尊重和保护基层的首创精神。

二、精心组织试点工作

(一)加强组织领导。为加强对基础教育体制改革工作的领导,省教育厅成立省基础教育体制改革领导小组和专家委员会,审议基础教育改革的重大方针和政策措施,研究部署、指导实施基础教育体制改革工作,统筹协调改革发展中的重大问题。各市、县(区)教育局要紧密结合自身实际,建立相应的工作机制,切实加强对改革试点工作的领导,统筹制订试点方案,统筹推进试点实施,统筹进行督促检查,统筹开展宣传推广,确保组织到位、责任到位、保障到位。开展改革试点的地区和学校,主要负责人要亲自抓,把推进改革试点作为重要工作职责,纳入重要议事日程,落实改革措施,掌握改革动态,及时研究新情况、新问题,及时总结经验、完善制度,妥善处理改革、发展与稳定的关系,确保试点工作顺利推进。

(二)科学制订实施方案。各试点单位要深入调研,充分协商,科学论证,在申报方案的基础上,进一步细化、实化、具体化,形成试点项目实施方案。实施方案要突出针对性、操作性、实效性,立足解决现实问题,着力创新体制机制,明确改革目标、改革措施、进度安排、配套政策、保障条件、责任主体、风险分析及应对措施、预期成果及推广价值等核心内容。制订实施方案要充分听取试点单位广大师生员工和教育工作者的意见,充分听取家长、专家、相关部门和社会各界的意见。

各市、县(区)承担的改革试点实施方案,由本级人民政府同意后报省教育厅基础教育体制改革领导小组备案后启动实施;各学校试点实施方案,由主管部门报省教育厅基础教育体制改革领导小组备案后启动实施。

各地实施方案于八月底前报省教育厅。

(三)加强检查指导。改革试点启动后,省教育厅将建立督促检查机制,按照试点实施的计划进度,开展跟踪调研,及时了解情况,定期进行评估。市、县(区)教育局要在实践中不断完善试点方案,对于实施中需要突破的政策和规定,要根据国家、省教育规划纲要确定的原则和精神,充分论证,积极探索,稳妥操作。对于实施中可能存在的风险因素,要深入分析和系统评估,做好预案,积极化解,确保改革平稳推进。对于实施过程中发现的问题,要认真研究,及时妥善处理,避免出现大的偏差。对于实践中的好经验、好做法、好成果,要及时总结,组织交流,加以推广,发挥示范带动作用,扎扎实实把改革引向深入。试点实施过程中涉及的重大政策调整、出现的重大问题,要及时报告省基础教育体制改革领导小组。

省基础教育体制改革领导小组将根据试点进展情况不断进行分析总结,给予必要的指导和扶持。全省将设立教育改革创新奖,对于改革过程中积极探索、大胆实践,富有成效的地区和单位实施奖励。对于实验区的经验及时提炼,改革实验获得成功的地区授予"改革示范区"称号。对试点项目进行动态调整和补充。对措施不具体、保障不到位、成效不明显、群众不满意的试点项目,对以改革试点名义进行不正当办学行为的试点单位,将予以调整。

三、加强宣传引导

基础教育体制改革政治性、政策性强,社会各界高度关注。推进基础教育体制改革,是全社会的共同责任,要充分发扬民主,广泛听取意见,动员各方面力量支持改革。要充分调动广大师生员工和教育工作者的积极性,鼓励他们参与改革、投身改革。对在改革实践中涌现的新思路、新办法、新举措,只要有利于教育事业科学发展,都应给予保护和支持。要坚持正确舆论导向,合理引导社会预期,多做政策宣传、解疑释惑的工作,多做增进共识、统一思想的工作,多做典型报道、示范引导的工作,营造全社会关心、重视、支持教育改革的良好氛围。

各地改革试点的具体情况可与省教育基础教育处联系。联系人:马家松,联系电话:0551－2816467。

附件:承担省级基础教育体制改革试点项目及试点地区、学校一览表

安徽省教育厅

二〇一二年七月二十日

附件：

承担省级基础教育体制改革试点项目及试点地区、学校一览表

类别	试点项目名称	地区、学校	改革试点目的
建立城乡一体化义务教育发展机制	建立城乡一体化义务教育发展机制	合肥市教育局、淮北市教育局、马鞍山市教育局、庐阳区教育局、石台县教育局、迎江区教育局、宁国市教体局	在市、县区域内，进行统一城乡义务教育管理体制、办学标准，均衡配置经费、师资资源等方面的制度建设和实践。
	建立城乡义务教育经费保障机制改革	芜湖市教育局	
	城市化进程中的农村学校提质转型试点	阜阳市教育局	
	积极探索建立并实施农民工随迁子女入学的长效机制	定远县教育局	
	完善义务教育管理体制，实施学区管理委员会管理	肥西县教育局	
建立优质教育资源共享机制	建立优质教育资源共享机制	淮北市教育局、包河区教育局、弋江区教育局、大观区教育局、涡阳第一中学、庐江第二中学	在市、县区域内，开展优质学校与薄弱学校以多种形式联合办学，校内外先进教育设施多校合用，发挥优秀教师作用等方面试点，促进优质教育资源共享和薄弱学校改造。
	深化教育改革率先实现教育现代化	铜陵市教育局	以信息化为支撑，以提高质量为核心，探索教育均衡化、优质化、终生化、信息化和国际化。
	推进教育信息化建设	芜湖市教育局、合肥市瑶海区教育局、安庆市迎江区教育局、阜阳市颍东区教育局、淮北市相山区教育局、繁昌第一中学、寿县安丰中学、合肥四十五中、金寨县南溪中学、合肥五十中、淮北市西园中学、泗县江上青小学、定远县张桥小学、固镇县实验小学、铜陵市实验小学、黄山区汤口中心学校	

续表

类别	试点项目名称	地区、学校	改革试点目的
建立县（市、区）域内教师、校长交流长效机制	建立区域内教师、校长交流长效机制	颍东区教育局、烈山区教育局、黄山区教育局、迎江区教育局、含山县教育局、绩溪县教体局、八公山区教育局、埇桥区教育局	建立教师交流制度，实行城区学校间、农村学区学校间的教师定期交流，推行城乡间教师支教、挂职等多种形式交流，实施城乡学校结对帮扶，加强薄弱学校师资建设。
	建立县域内教师交流机制	繁昌县教育局	
	以"一个平台，四个支撑点"的管理体系，有效提升区域教师专业化发展整体水平	瑶海区教体局	
建立优质普通高中招生名额全部分配到初中的机制	建立优质普通高中招生名额全部分配到初中机制	马鞍山市教育局	深入探索优质普通高中招生名额合理分配到初中制度，逐步提高名额分配比例，充分发挥这项制度在引导义务教育阶段生源合理分布、促进义务教育均衡发展中的作用。
建立有效解决区域内择校问题的机制	有效解决区域内择校现象	阜南县教育局、临泉县教育局、砀山县教育局	在城市、县镇，健全规范学校办学行为、完善就近入学制度，提供择校途径，化解择校矛盾，建立解决择校和大班额问题的长效机制。
实行校长职级制改革	推行校长职级制改革，构建专家办教育新格局	铜官山区教育局	在县（市、区）域内，探索中小学校长职级制度的实施办法，实现专家治校、专家办学。

续表

类别	试点项目名称	地区、学校	改革试点目的
实施有效教学、打造高效课堂，不补课，不加班加点	减轻学生负担，实施有效教学教改实验	旌德县教育局	以提高学生综合素质、减轻学生课业负担为宗旨，努力探索在新课程理念和现代教育理论指导下，构造高效课堂的模式和方法，探索建立高效课堂教学管理和评价的制度。
	实施有效教学，打造高效课堂	霍山县教育局、东至县教育局、蒙城县第八中学、霍山县诸佛庵中学、涡阳县第三中学、安庆市石化一中	
	打造高效课堂，不补课，不加班加点	淮北市教育局、萧县教育局、枞阳县教育局、芜湖市延安小学、天长市实验学校、肥东县撮镇学区中心校、六安市皋城中学、寿县实验小学、淮北市实验高级中学、安庆市大观区石化三小	
	实施有效课堂教学，减轻学生课业负担	大观区高崎小学	
	推进课堂教学改革，努力打造高效课堂	颍泉区教育局	
	开展学案导学提升教学效果	来安县教育局	
	创新中小学教学模式	广德县教育局	
	关注学生心理健康 打造快乐高效课堂	长丰县阿奎利亚学校	
内涵发展普通高中，促进普通高中多样发展、特色发展、规范发展	普通高中的内涵发展、多样发展、特色发展	灵璧县教体局、利辛高级中学	以内涵发展为目的，以多样发展、特色发展、规范发展为原则，探索推进课程体系多样化，满足学生个性化学习需求，探索建立现代学校管理制度，形成优质、高效的管理模式。
	普通高中的规范发展、内涵发展、多样发展、特色发展	蚌埠市教育局、贵池区教育局、马鞍山市安徽工业大学附属中学、淮北市第一中学、淮北市第四中学	
	从内涵发展走向优质和特色发展	利辛县第一中学	
	开齐开足课程，有效开展学生综合素质评价	合肥一中、马鞍山二中、安庆一中	

87

续表

类别	试点项目名称	地区、学校	改革试点目的
建立规范办园行为、实施科学保教的长效机制	规范办园行为、实施科学保教工作	滁州市教育局、包河区教体局、琅琊区教育局、定远县教育局、广德县教育局、东至县教育局、利辛县教育局、淮北市第一幼儿园	以尊重幼儿成长规律、规范幼儿园办学行为、防止和纠正"小学化"倾向为目标，探索"以游戏为基本活动"的教学模式，建立起稳定的、符合教育教学规律的保教持续。
	加强游戏活动，纠正小学化现象，提高科学保教水平	蜀山区教体局	
建立政府对普惠性民办园发展有效奖补机制	对普惠性民办园发展有效奖补机制	合肥市教育局、淮北市教育局、马鞍山市教育局、长丰县教育局、三山区社会事业局、太湖县教育局、青阳县教育局、泾县教体局、泗县教育局	以坚持公益性、普惠性为发展方向，坚持政府主导、社会参与、公办民办并举的办园体制，探索缓解"入园难"、"入园贵"的有效办法，促进幼儿教育健康发展。
提升德育工作的针对性、有效性	加强校园文化建设，提高德育工作的针对性、有效性	合肥七中、太和县胡总中学	探索德育工作的开展途径，提升德育工作的针对性、有效性。

安徽省教育厅关于学习贯彻全省基础教育三项改革实施方案的通知

皖教秘基〔2012〕80号

各市、县(区)教育局：

《安徽省推进县域义务教育均衡发展改革实施方案》、《安徽省完善农民工子女教育体制机制改革实施方案》和《安徽省规范办学行为减轻学生课业负担改革实施方案》(下称"三项改革实施方案")已经省政府同意印发实施。为学习贯彻基础教育三项改革实施方案，现提出以下工作要求：

一、切实加强基础教育三项改革方案的学习宣传

基础教育三项改革试点方案是我省今后十年基础教育改革的纲领性文件，是我省基础教育事业发展一个新的里程碑，意义重大，影响深远。各级教育行政部门和中小学校要高度重视，把学习宣传、贯彻落实方案作为当前和今后一个时期的中心任务切实抓紧抓好。各市、县(区)教育局和中小学校领导班子要进行专题集中学习，并通过学习会、座谈会、研讨会、专题解读等多种学习方式，让广大干部和教职工明确三项改革实施方案出台背景与深远影响，明确三项改革实施方案的指导思想、主要目标和责任主体，明确三项改革实施方案的核心内容与要求，领会和准确把握方案的精神，统一思想、凝聚共识。

要加大对社会的宣传力度，努力营造重视、关心、参与和支持教育改革发展的良好氛围。要充分利用报刊、电视、网络等各类媒体平台，开设专栏，加大宣传力度，形成强大声势，营造重视、关心、参与和支持基础教育改革的良好氛围。各市、县(区)教育局和中小学校要善于总结学习宣传和贯彻的先进经验，善于发现

学习宣传和贯彻的先进典型,推广好的做法,注意发挥先进典型的学习宣传示范引领作用。省教育厅将编辑基础教育改革实施工作简报,反映各地学习宣传和落实方案好的做法与经验。

二、扎实推动基础教育三项改革方案的组织实施

基础教育三项改革内容直接关系到目前基础教育的热点难点问题,是目前基础教育工作的重点,也是各级教育主管部门的重要工作职责。各地在学习领会的基础上,抓紧启动实施重大项目,切实加强关键领域和薄弱环节。各地要按照规定动作都必须完成的原则,对于实施方案中提出的各项改革措施,都要尽快启动,如:建立义务教育资源均等配置机制,促进县域内义务教育城乡一体化发展,加强义务教育质量监测,完善义务教育管理体制,建立义务教育均衡发展监测和评估验收机制,构建进城务工农民随迁子女平等就学、农村留守儿童健康成长关爱服务体系,提高课堂教学有效性,依法减轻中小学生过重课业负担等,抓紧细化目标任务,拿出路线图、时间表和任务书,分阶段、分步骤组织实施。各地要从本地本校的实际情况出发,明确责任单位和责任人,提出进度要求和考核指标,保证可操作、可监测、可评估。各地、各学校要把组织实施基础教育三项改革作为促进基础教育发展的重要抓手,明确改革导向,注重远近结合,力争近两三年内在推进基础教育持续健康发展方面取得实效。各市、县(区)教育行政部门要在2012年12月前制定贯彻落实三项改革方案的配套文件和实施细则。

三、积极开展基础教育三项改革项目的试点工作

根据三项改革实施方案的要求,省教育厅审定公布了首批12类30个省级基础教育体制改革试点项目,参加试点的市、县(区)教育局和学校达到102个。各试点单位要坚持整体推进与重点突破相结合,制定具体可行的试点工作方案,充分发挥地方、学校和师生的主动性、积极性、创造性,坚持试点先行,鼓励大胆试验,切实解决突出问题,让人民群众真切感受到实实在在的好处。各试点单位改革项目实施要按照要求制定具体实施方案,认真组织推进。各地要加强对典型经验的宣传推广,做好改革的风险分析,确保试点工作有力有序推进。我厅将定期召开项目实施推进会议,对各地实施情况进行全程跟踪、指导和检查,并根据各地试点进展情况进行分析总结,给予必要的扶持和奖励。没有列入改革试点的地区和单位,要在学习宣传活动中积极申报第二批省级试点项目。

各地对基础教育三项改革实施方案学习宣传、贯彻落实的情况及时报告省教育厅基础教育处。联系人:马家松,联系电话:0551-2816467。

安徽省教育厅

2012 年 7 月 25 日

安徽省人民政府办公厅关于印发安徽省县域义务教育均衡发展督导评估实施办法的通知

皖政办秘〔2012〕96号

各市、县人民政府,省政府有关部门:

省政府教育督导团、省教育厅制定的《安徽省县域义务教育均衡发展督导评估实施办法》已经省政府同意,现印发给你们,请认真贯彻执行。

安徽省人民政府办公厅
二○一二年六月十八日

安徽省县域义务教育均衡发展督导评估实施方法

为贯彻《义务教育法》、《安徽省中长期教育改革和发展规划纲要(2010—2020年)》和教育部《县域义务教育均衡发展督导评估暂行办法》,扎实开展义务教育发展基本均衡县(含市、区,以下简称县)督导检查和评估认定工作,制定本实施办法。

一、督导评估的对象和范围

县级人民政府及其教育、编制、发展改革、财政、人力资源社会保障等部门,县域内义务教育学校(不含小学教学点、特殊教育学校和职业学校)。

二、督导评估的内容和标准

义务教育发展基本均衡县的评估认定,应在其义务教育学校达到《安徽省义务教育阶段学校办学基本标准(试行)》后进行。

对县域内义务教育校际间均衡状况的评估和对县级人民政府推进义务教育均衡发展工作的评估,是评估认定义务教育发展基本均衡县的两个主要内容(具体标准见附件)。公众对本县义务教育均衡发展的满意度,作为督导评估及其结果认定的重要参考。

对义务教育校际间均衡状况的评估,重点评估县级政府均衡配置教育资源情况。以生均教学及辅助用房面积、生均体育运动场馆面积、生均教学仪器设备值、每百名学生拥有计算机台数、生均图书册数、师生比、生均高于规定学历教师数、生均中级及以上专业技术职务教师数8项指标,分别计算小学、初中差异系数,评估县域内小学、初中校际间均衡状况。

对县级人民政府推进义务教育均衡发展工作的评估,主要从组织领导、机会均等、经费保障、师资配置、管理与质量5个方面进行。

县级人民政府推进义务教育均衡发展工作评估得分在85分以上、小学和初中的差异系数分别小于0.65和0.55的县,方可通过义务教育发展基本均衡县的评估认定。

三、督导评估的程序和时间

(一)程序。

1. 县级自评。县级人民政府按照本实施办法开展义务教育发展基本均衡县自评。自评达到规定要求的,报市人民政府申请复评,并按要求报送有关材料。宿松县、广德县自评达到规定要求后,直接向省人民政府申请省级评估。

2. 市级复评。市级人民政府根据申请,安排市政府教育督导团对提出申请的县进行复评。复评达到规定要求的,报省政府申请省级评估,同时报送自评报告和复评报告。

3. 省级评估。省人民政府根据市级政府申请,安排省政府教育督导团对各地的申报材料进行审核。对达到规定要求的县,组织专家组开展督导评估。评估前向社会公告,评估结果向社会公布,接受社会监督。对通过省级评估的县,由省报国家教育督导团申请审核认定。

4.国家认定。国家教育督导团对省报送的申请认定义务教育发展基本均衡县的相关材料进行审核,并组织实地检查。教育部根据国家教育督导团的审核检查结果,对义务教育发展基本均衡县进行认定,予以公布并授牌。

(二)时间。义务教育发展基本均衡县的县级自评、市级复评工作,在每年的5—6月进行。各市每年6月30日前,将申请省级评估的请示、市复评报告以及公众调查结果等材料,一式四份报省政府,并抄送省政府教育督导团。

鉴于2012年是开展义务教育基本均衡县评估认定工作的第一年,2012年报送材料的截止日期延长至9月30日。

四、有关工作要求

(一)各市、县人民政府要充分认识推进县域义务教育均衡发展的重要意义,把义务教育发展基本均衡县评估认定工作作为一项重要任务,摆上议事日程,统筹协调义务教育均衡发展和接受省级评估、国家认定的相关工作,根据有关要求,制订工作方案,推动工作落实。省政府教育督导团对县级自评和市级复评工作进行指导和监督。市级政府要加强对所辖县政府义务教育发展基本均衡县评估工作的指导和督促。

(二)县域义务教育基本均衡发展规划的实施和义务教育发展基本均衡县的创建情况,作为县级人民政府教育工作和县级党政领导干部履行教育职责情况督导考核的重要内容,并与有关教育项目安排、经费支持和评优评先等挂钩,强化考核,兑现奖惩。对为争创义务教育发展基本均衡县作出突出贡献的单位和个人,给予表彰奖励;对未在规定时间内完成任务,或在接受督导评估中弄虚作假的,在全省范围内通报批评。

(三)建立义务教育均衡发展监测和复查制度,加强全省县域义务教育均衡发展状况的监测。对已经认定的义务教育发展基本均衡县进行复查,连续三年(非常情况除外)达不到省评估标准的,按程序撤销其相应称号。

附件:安徽省义务教育发展基本均衡县督导评估标准

附件：

安徽省义务教育发展基本均衡县督导评估标准

一、义务教育均衡发展工作推进状况(100分)

一级指标	二级指标
A1. 组织 领导 (10分)	B1.义务教育均衡发展纳入县域经济社会发展和教育事业发展规划,推进义务教育均衡发展目标明确、思路清晰、举措得力、效果明显。
	B2."以县为主"义务教育管理体制完善,分工明确、齐抓共管工作格局形成。县直有关部门和乡镇政府、街道社居委依法履行义务教育均衡发展职责。
	B3.政府不以升学率和考试成绩作为评价教育部门、学校的唯一依据。推动学校自主发展和素质教育实施的教育质量监测与综合评价机制逐步形成。
	B4.义务教育均衡发展监督问责机制健全。县级政府教育督导机构和督学队伍建设依法加强,对义务教育实施情况的监督、评估、检查、指导的行政监督职能作用充分发挥。
A2. 机会 均等 (15分)	B5.城乡义务教育阶段适龄儿童免试就近入学。义务教育学校"择校生"比例控制在5%以内,并逐年下降。省、市示范普通高中招生名额分配到县域内初中的比例不低于70%,并逐年提高。
	B6.以流入地政府管理为主,以全日制公办中小学为主接收进城务工人员随迁子女入学,实现零障碍;以政府为主导,社会多方面广泛参与的留守儿童关爱体系建立、完善。
	B7.义务教育阶段无重点校、重点班。城镇小学46人和初中50人以上大班额班级逐年减少。
	B8.三类残疾儿童少年入学率不低于85%。
A3. 经费 保障 (25分)	B9.义务教育经费在财政预算中单列,全额纳入财政保障范畴,近三年教育经费做到"三个增长",近两年省财政分解核定的县(市、区)教育投入任务足额完成。
	B10.推进义务教育薄弱学校改造计划。学校标准化建设扎实推进,年度任务完成。
	B11.农村税费改革转移支付资金用于义务教育的比例达到省规定要求。
	B12.地方教育附加、教育费附加和从土地出让收益中计提的教育资金全额纳入教育部门预算管理,并按规定用于改善义务教育学校办学条件。财政性教育经费向薄弱学校建设倾斜。
	B13.教师继续教育经费按照有关规定金额拨付并专款专用。

续表

一级指标	二级指标
A4.师资配置（35分）	B14.义务教育学校教师绩效工资制度全面实施。城乡学校教职工各项社保政策按同一标准落实到位。
	B15.城乡义务教育学校教职工按省核定编制足额配备，生师比达到省定编制标准。义务教育学校教师学科、年龄、职称结构合理。体育教师按规定配齐，音乐、美术、英语、信息技术教师基本满足教学要求。
	B16.县域内义务教育学校校长和教师交流形成制度、扎实推进。
	B17.在职教师培训、教师职务评聘和教师待遇等方面向需要重点扶持的农村地区和薄弱学校倾斜。近三年新招聘教师优先补充到农村、偏远地区学校。
A5.管理与质量（15分）	B18.义务教育课程按照国家规定开齐开足，课程标准和课时计划认真执行。
	B19.小学、初中在校生年巩固率达到省规定的要求。
	B20.小学、初中学生体质健康及格率达到省规定的要求。
	B21.义务教育学校办学行为规范，学生过重的课业负担有效减轻。

二、义务教育学校校际差异状况

评估指标	评估办法
生均教学及辅助用房面积、生均体育运动场馆面积、生均教学仪器设备值、每百名学生拥有计算机台数、生均图书册数、师生比、生均高于规定学历教师数、生均中级及以上专业技术职务教师数8项指标均达到国家和省有关规定要求。	根据上一学年度教育事业统计报表中有关评估指标的数据，分别计算得出小学和初中综合差异系数。

三、公众满意度调查

调查范围	调查对象		调查内容及方法
内部评价	校长评价	义务教育学校校长对县域内义务教育均衡发展状况的满意度评价。	以适龄儿童少年就近入学、县域内学校校际间办学条件差距、县域内校际间教师队伍的差距、县域内义务教育择校情况
	教师评价	义务教育学校教师对县域内义务教育均衡发展状况的满意度评价。	
外部评价	社会评价	当地人大代表、政协委员以及其他群众对县域内义务教育均衡发展状况的满意度评价。	以及政府在推进义务教育均衡发展方面的努力程度等为主要内容，采用问卷、访谈、座谈等方式。调查对象中以学生家长为主体。
	家长评价	学生家长对县域内义务教育均衡发展状况的满意度评价。	

中共安徽省委 安徽省人民政府
关于做好关爱农村留守儿童工作的意见

皖发〔2009〕32号

为深入贯彻《未成年人保护法》、《义务教育法》等相关法律法规,促进广大农村留守儿童健康成长,现结合我省实际,就做好关爱农村留守儿童工作提出如下意见。

一、深刻认识做好关爱农村留守儿童工作的重大意义

留守儿童问题是在我国加速推进工业化、城镇化进程中出现的并将延续相当长一个时期的社会现象。关爱农村留守儿童,是深入贯彻落实科学发展观的必然要求,是以人为本执政理念的具体体现,是关注民生的重要工作,是构建和谐社会的重要内容,是关乎国家和民族未来的一项基础性工程。

目前,我省有360余万农村留守儿童。农村留守儿童数量大、分布广、困难多,已逐渐成为一个较为突出的社会问题。近年来,各地、各部门在关爱农村留守儿童方面做了大量工作,取得了明显成效,但总体较为薄弱,统筹亟待加强,机制尚不健全,农村留守儿童在学习、生活、心理、安全等方面还存在不少困难和问题。做好关爱农村留守儿童工作,促进农村留守儿童健康成长,直接关系到近千万农民群众的幸福生活和几百万农村孩子的前途命运,关系到农村经济社会持续发展,关系到和谐安徽建设和安徽崛起进程。各级党委、政府要充分认识做好农村留守儿童工作的重大意义,切实增强责任感、使命感和紧迫感,把关爱农村留守儿童作为一项义不容辞的重要任务,统筹协调各方力量,尽心尽力抓好落实。

二、工作目标和任务

总体目标是：以心灵关爱、健康成长为核心，以农村义务教育阶段留守儿童为重点，建立属地管理、分级负责、部门牵头的工作责任制度，以加强农村公共服务、建立全面保障机制、改善学校生活学习条件、营造全社会关爱环境为基本途径，通过5年努力，基本建成系统化、网络化的关爱体系，力争使所有农村留守儿童学有所教、困有所帮、爱有所依、托有所居、居有所安，实现全覆盖、全关爱。

今后5年，要完成六项主要任务：一是探索建立党委领导、人大监督、政府统筹、政协参与、部门联动、社会协同的工作机制。二是落实包保责任制，建成职责明确、责任到人、分工协作、全面覆盖的工作网络。三是研究和探索农村留守儿童法定监护人履行义务的形式和方法，落实监护责任。四是加强学校服务设施、农村公共服务设施、社会化服务设施建设，创新服务方式方法，满足农村留守儿童寄宿、托管以及校内外文化体育活动等多样化需求。五是探索新型校内管理服务体系，全面落实学校教育和监管职责。六是逐步形成关爱农村留守儿童经费保障制度和工作保障制度。

三、工作措施

（一）强化家庭、社会、学校三方职责。

1.强化父母或者其他监护人的监护责任。按照《未成年人保护法》有关规定，建立农村留守儿童家庭监护责任监督制度，督促外出务工人员妥善安排好留守儿童学习与生活，切实履行法定监护责任。加强农村留守儿童父母或者其他监护人培训和教育，把关爱农村留守儿童作为各类农村劳动力转移就业培训的重要内容，引导监护人转变教育观念，改进教育方法，切实提高监护人对留守儿童监护的法律意识和能力。对不依法履行监护职责，或者侵害留守儿童合法权益的，予以教育、劝诫、制止，构成违反治安管理行为的，由公安机关依法给予行政处罚。

2.强化社会的关爱责任。广泛动员社会力量为农村留守儿童办好事、办实事。积极探索各种关爱模式,加强农村留守儿童的校外组织建设和自我管理。继续推广校外留守小队建设经验,建设关爱农村留守儿童志愿者队伍和农村家庭互助队伍,实施代理家长制度。开展形式多样、内容丰富的关爱活动,营造良好的社会关爱氛围。

3.强化学校的教育责任。充分发挥学校教育的主渠道作用,努力为农村留守儿童提供良好的学习、生活和监护条件,保障留守儿童在校人身安全。要加强力量配备,有条件的学校可设置一定数量专职从事关爱工作的教师岗位,通过家校联系、心理抚慰、生活关心、学习辅导、结对帮助、亲情电话等方式给予关爱。加强师德师风建设,强化教师责任,实施心灵关爱,开展形式多样的心理健康教育,引导农村留守儿童积极向上,自尊、自信、自立、自强。进一步优化流动儿童就学环境,降低入学门槛,简化入学手续,确保流动儿童在流入城市就近入学。

(二)改善基础条件。

1.以政府实施为主,以农村初中为重点,结合中小学校舍安全工程、农村初中寄宿制工程的实施,加强农村寄宿制学校建设。依托现有的中小学校,力争全省每个农业县的县城和需要寄宿的乡镇分别建设一所寄宿制学校。依托乡镇中心小学,在每个乡镇建设一个留守儿童之家。力争到2014年,让所有愿意寄宿的农村留守儿童都能寄宿。具体实施方案由省教育厅会同有关部门另行制定。

2.整合文化、广电、新闻出版、体育等部门的资源,加大农村文化惠民工程推进力度,依托乡镇综合文化站、文化信息资源共享工程基层服务点、农家书屋、农民体育健身工程等农村文体活动场所,配备一定数量的音像资料、棋类、球类等文体活动器材和设施,开展农村留守儿童课外文体活动。

3.积极探索社会化、市场化服务管理模式。制定《留守儿童之家(服务中心)建设和管理办法》,依托农村留守儿童寄宿制学校、留守儿童服务中心,创新管理,改进服务。

(三)优化成长环境。

1.完善农村留守儿童救助保障制度。各级民政部门要为农村留守儿童及其家庭提供有针对性的指导和服务,确保家庭困难农村留守儿童获得应有的社会救助。

2.健全农村留守儿童医疗保健制度。加强农村留守儿童医疗保健工作,积极开展营养指导、生长发育监测、计划免疫、儿童常见病诊疗等基本卫生保健服务,逐步完善新型农村合作医疗等相关医疗保健制度,倡导文明健康的生活方式,加强食品安全工作,确保农村留守儿童身体健康和生命安全。

3.建立驻村民警和乡镇司法助理员联系农村留守儿童制度。加强安全教育和法制教育,提高农村留守儿童法律意识和自我保护能力。严厉打击侵害农村留守儿童身心健康和合法权益的违法犯罪活动,做好违法农村留守儿童的教育感化和挽救工作。加强对农村留守儿童及其家长的法律援助,切实维护其合法权益。

4.建立农村留守儿童心理健康教育的社会援助制度。鼓励社会专业机构和志愿者,对农村留守儿童提供心理援助,对有困难或有情绪困扰的留守儿童及时给予帮助和排解,引导农村留守儿童正确面对现实生活环境,形成积极的学习、生活态度和优良的心理品质。

5.完善校园及其周边文化环境综合治理制度。加强校园文化卫生建设,积极创造条件为学生提供整洁、美化、绿化、文明的校园环境。加强校园周边网吧、游戏室、歌舞厅、卡拉OK厅等娱乐场所及校园周边图书报刊摊点的清理、整治和监管,为农村孩子营造健康成长的文化环境。

6.建立农村留守儿童档案制度和统计年报制度。各乡镇、村委会要在公安部门的协助下,建立农村留守儿童基本情况档案,建立健全监测机制和监护网络。各学校建立留守儿童学习成长档案。县级教育部门要将农村留守儿童情况纳入学生电子学籍档案,建立农村留守儿童情况年报制度,定期统计更新留守儿童家庭基本情况和留守情况。

(四)加强经费保障。

1.加大财政投入。把农村留守儿童关爱体系建设与中小学校舍安全工程和农村中小学寄宿制工程结合起来,按照统筹整合、共建共享的原则,通过政府投入、民办公助、社会投资等途径,重点建设农村中小学寄宿设施、农村留守儿童之家和农村留守儿童校外活动场所。

2.鼓励社会力量投资。积极利用社会捐赠,鼓励社会资本建设、举办各种形式的农村留守儿童服务中心,面向市场,服务社会,扩大农村留守儿童服务资源。

四、切实加强领导

(一)建立领导协调机制和工作网络。各市、县(市、区)、乡镇都要成立关爱农村留守儿童协调小组,建立联席会议制度等相应的统筹协调机制,定期召开专题会议,分析形势,解决问题。要建立教育部门牵头、各部门齐抓共管的多部门合作的工作网络,明确各相关部门的职责分工,加强协调配合,形成工作合力。

(二)建立和落实包保责任制。建立并落实学校和基层组织关爱农村留守儿童的包保责任制。在校期间,由学校组织力量实行包保;在校外,由基层组织负责、学校配合共同包保。每一位教师、基层党员干部都要明确包保对象,确保每一名农村留守儿童都有人关爱。包保责任人要在心灵、学习、生活、安全等方面落实包保责任,切实做到对象无遗漏,时段能对接,关爱全覆盖。各级组织部门要把关爱农村留守儿童工作作为农村基层组织建设的重要内容,动员广大党员与农村留守儿童"手拉手"、"结对子",办实事,献爱心。各级共青团、妇联、关工委要继续发挥各自优势,深入发动广大青年志愿者、妇女、"五老"人员参与关爱活动,不断提高关爱工作成效和工作覆盖面。

(三)健全目标管理责任制和考核奖惩制度。制定关爱农村留守儿童工作监督检查和考核标准,明确检查考核的内容和办法。加强对各级党委、政府和各有关部门关爱农村留守儿童工作的专项考核,把关爱农村留守儿童工作纳入国民经济和社会发展规划,纳入基层党组织考核体系,纳入对县级党政领导干部教育工作督导考核,纳入义务教育检测指标体系和教师考评考核,监督检查和考核的结果以适当方式公布。建立关爱农村留守儿童工作激励与约束机制。建立农村留守儿童工作示范区,评选示范学校。对关爱农村留守儿童工作成绩突出的地区和单位给予表彰和奖励。

(四)加强理论研究和社会宣传。加强对关爱农村留守儿童工作的理论研究和专题研究,制定并完善保护、关爱农村留守儿童的政策法规,不断增强工作的针对性、实效性。宣传部门要协调新闻媒体开辟相关专栏、专题,多形式、多渠道宣传做好关爱农村留守儿童工作的重要性、必要性,宣传关爱农村留守儿童的先进典型,宣传农村留守儿童的自强精神和先进事迹,营造全社会重视、关心、支持关爱农村留守儿童工作的氛围。

各市、县(市、区)党委、政府,省直有关部门要结合实际,制定实施意见,报省关爱农村留守儿童协调小组办公室。

安徽省校内留守儿童之家建设和管理办法

一、指导思想

以科学发展观为指导,以实施"留守儿童之家"建设为抓手,从统筹城乡发展,解决"三农"问题,促进农村新一代人才健康成长的战略高度出发,切实强化政府行为,加强农村留守儿童课外场所建设,改善农村留守儿童课外活动条件,形成学校、家庭、社会相配合,校内教育与校外教育相结合,基本建立起促进农村留守儿童健康成长的关爱体系,为留守儿童营造一个健康向上、快乐成长的温馨家园和良好环境,进一步改善弱势群体的受教育条件,促进义务教育均衡发展和教育公平。

二、组织领导

各地要强化领导,健全机制,把留守儿童之家建设作为一项事关大局、利在长远的政治任务,摆上重要议程,思想高度重视,工作上积极主动。

各市、县(区)关爱农村留守儿童协调小组要加强对留守儿童之家建设的领导,组织动员成员单位积极参与和支持项目实施。教育主管部门要成立农村留守儿童之家建设领导小组,明确责任单位,负责项目建设和管理,开展业务指导,强化日常监管,解决实际问题,狠抓工作落实,切实将民生工程做成民心工程。

三、阵地依托

农村校内留守儿童之家主要依托留守儿童较为集中的农村中小学,特别是寄宿制中小学校建设,可单独设立,也可与校内图书阅览室、多媒体教室、各类活动室等合并设立。

四、标准要求

农村留守儿童之家应具备以下基本条件：

（一）硬件方面。

1.活动用房面积不低于20平米，安全、实用，确保留守儿童方便使用留守儿童之家有关设施；

2.配备电视和一定数量的图书、期刊、报纸和文体器材，基本满足留守儿童的文化娱乐需求；

3.配备电话或电脑等设施设备，方便留守儿童与父母交流联系。

（二）软件方面。

1.有专职或兼职的管理人员及相对稳定的关爱队伍；

2.有管理规章制度和活动安排计划；

3.有反映留守儿童基本状况、进步成长的记录簿册；

4.有工作总结和档案。

五、日常管理

留守儿童之家的日常管理要坚持责任明确、安全第一、严格有序、关爱到位的原则，加强力量配备，明确专门人员，切实加强管理，保证在课余和节假日开放，有计划地开展活动。要通过家校联系、心理抚慰、生活关心、学习辅导、结对帮助、亲情电话等方式给予留守儿童关爱。积极争取农村基层组织、群众团体参与留守儿童之家建设和管理。动员组织志愿者队伍与留守儿童之家实行定点、定向、定期挂钩，协助教育管理，尽力提供服务，为农村留守儿童之家开展活动提供帮助和支持，丰富活动内容，扩展活动空间，使农村留守儿童得到更好的关爱。

六、活动开展

要充分发挥留守儿童之家作用，针对留守儿童的身心特点，根据实际需要,帮助留守儿童解决日常生活困难,积极探索和开展丰富多彩、生动活泼的教育活动,提高留守儿童的综合素质,着重做好以下几项工作。

(一)加强道德品格培育。注意研究和把握留守儿童思想品德形成规律和特点,充分利用各种德育资源,通过开展各种主题德育活动,培育留守儿童的感恩之心、进取之心、文明之心。

(二)抓好健康文化熏陶。注重适应和满足留守儿童精神文化生活的需要,开展好快乐活泼、娱情益智的文化活动,通过收看电视、播放少儿影像、读书竞赛、排演节目、书法绘画、兴趣小组、网上学习等活动,对留守儿童寓教于乐、潜移默化,使留守儿童在健康有益的文化活动中情感得到熏陶、精神得到充实、境界得到升华。

(三)开展体质体能锻炼。注重关心和增强留守儿童的身体健康,开设防病健身卫生常识讲座。根据不同年龄段和个体特点,科学制定体育锻炼计划,坚持开展体育锻炼活动。组织各类体育运动小组,开展有益身心的兴趣体育,使留守儿童养成体育锻炼的习惯,具备锻炼健身的能力、一定的运动技能和强健的体魄。

(四)组织社会实践活动。注重引导和拓展留守儿童与社会接触,开阔眼界、开阔视野、开阔心胸,增长见识、增长知识、增长才干。有计划有目的地组织开展夏令营、冬令营、调查走访、劳动体验、科技探秘、关爱老人、保护环境、公益活动等各类社会实践活动,让留守儿童尽可能地走进自然、走进城市、走进企业、走近名人、走近故事,使留守儿童广泛汲取社会生活的丰富营养,强基固本,茁壮成长。

(五)培养独立合作能力。注重培养和增强留守儿童自尊、自信、自立、自律的意识,提升他们善于沟通、和睦相处、团结协作的本领。通过开展"自己的事情自己做"、"困难面前我能行"等活动,培养孩子动手操作能力、独立自理能力、人际交往能力和团结合作能力。

(六)进行心理健康疏导。注重了解留守儿童产生的心理问题,针对存在问题,抓好人文关怀,促进心理健康。组建一支心理教育队伍,与留守儿童面对面、心贴心地开展工作。对带有倾向性、易发性、规律性的心理问题,实施重点教育疏导,把解决心理问题与抓好生活关怀结合起来,做到及时发现、正确疏导、悉心矫正、有效化解。

七、工作要求

(一)因地制宜,注意实效。各地要立足于明实情、举实招、办实事、求实效,深入开展调查研究,如实了解和把握辖区内留守儿童的分布情况、基本现状、迫切需求和变动趋势,从实际出发,制定切实可行的工作规划和计划,采取坚实有效的工作措施。在留守儿童之家建设过程中,可以首先选择留守儿童相对集中、基础条件相对较好、社会需求相对迫切的地方进行,抓好试点,以点带面。对已经创办一段时间且取得明显成效的留守儿童之家,要认真总结经验,继续巩固提高,精心打造品牌,扩大社会影响。要把"让留守儿童满意,让外出父母放心,让社会舆论认可"作为衡量留守儿童之家建设效果的标准和工作目标。

(二)整合资源,形成合力。要动员全社会力量广泛参与留守儿童之家的建设工作,做到人、财、物、智的有效集聚,发挥整体效应。各级教育部门要按规划有序推进留守儿童之家建设,规范留守儿童之家管理,不断扩充数量、扩大规模、提高质量,发挥留守儿童之家主阵地作用。要协调宣传部门广泛宣传留守儿童之家创办的目的意义,提高广大干部群众的思想认识,造浓齐办共建的社会氛围。要积极争取各级关工委、妇联、团委的支持,广泛发动、精心组织"五老"队伍、爱心妈妈、青年志愿者,积极投入留守儿童关爱工作,担任留守儿童之家的临时父母、兼职教师和知心朋友。要会同司法部门加强法制教育,维护留守儿童的合法权益,提供相关安全保障。会同公安、文化、工商等部门持续开展留守儿童之家周边治安及文化、生活环境集中整治活动。积极争取财政部门的经费支持。努力促使各部门齐抓共管、齐心协力、尽心竭力地做好留守儿童之家的建设工作,增强留守儿童的归属感、广大家长的认同感、社会各界的责任感。

(三)严格考核,落实奖惩。留守儿童之家建设是我省留守儿童工作的重要组成部分,已经纳入 2010 年民生工程。省将制定农村留守儿童之家建设工作考核办法,明确检查考核的内容和方法。在开展民生工程考核的同时,将此项工作列为对县级党政领导干部教育工作督导考核和市级教育行政部门年度目标考核的一项重要内容,检查考核结果在全省进行通报,并作为奖励的依据之一。各市、县(区)要结合工作实际,建立检查制度,落实考核办法,推动工作有效开展。

——引自安徽省教育厅《关于印发〈安徽省校内留守儿童之家建设和管理办法〉的通知》(皖教基〔2010〕6号)

安徽省教育厅关于进一步做好进城务工人员随迁子女就学工作促进新型城镇化进程的意见

皖教基〔2013〕6号

各市、县(区)教育局:

近年来,我省根据教育部有关文件精神,结合本省实际,积极采取措施,努力解决进城务工人员随迁子女(以下简称"随迁子女")在当地接受教育的问题,取得初步成效。为保障随迁子女方便、平等接受教育,更好地促进全省新型城镇化进程,服务打造"三个强省"、建设美好安徽大局,现就进一步做好随迁子女就学工作提出如下意见:

一、高度重视随迁子女就学工作

进一步做好随迁子女就学工作,是深入贯彻落实科学发展观、坚持以人为本的重要体现,也是保障公民受教育权利、促进教育公平的客观要求,对于保障和改善民生、创新社会管理、促进社会和谐具有十分重要的作用。做好随迁子女,特别是进城务工农民随迁子女就学工作,直接关系到广大农民的切身利益,关系到改变城乡二元结构和统筹城乡发展,关系到加快新型城镇化进程、促进区域经济社会发展。各级教育行政部门要充分认识进一步做好随迁子女就学工作的重要意义,切实解决人民群众最关心最直接最现实的利益问题,统筹协调各方力量,在现有工作基础上,更大程度、更高质量地保障随迁子女就学,促进全省新型城镇化进程。

二、继续消除随迁子女就学障碍

各地要根据加快新型城镇化进程的总体要求,深入贯彻《安徽省人民政府办公厅关于推进实施流动人口居住证制度的意见》(皖政办〔2013〕8号)、《安徽省人民政府办公厅转发省教育厅等部门关于进城务工人员随迁子女接受义务教育后参加升学考试工作暂行意见的通知》(皖政办〔2012〕65号),全面清理本地区随迁子女就学政策,全面消除随迁子女在流入地就学障碍,制订本地区随迁子女就学政策和实施办法。要坚持公办学校为主,创新工作机制,畅通入学渠道,简化就读手续,保障随迁子女与流入地儿童少年平等接受相应的教育,实现"三个一样"。

一样就读。进城务工人员凡持有流入地居住证,其随迁子女就地、就近、方便、免试接受义务教育。各地要充分考虑随迁子女流动性大等特点,根据实际需要,可先入学、后办手续,也可中途申请办理转学手续。流入地教育行政部门要将学前教育纳入基本公共教育服务体系,满足随迁子女接受学前教育的需求。

一样升学。进城务工人员随迁子女在流入地参加初中毕业学业考试和报考高中阶段学校,平等享受高中招生政策和享有优质高中教育资源。认真落实随迁子女在我省参加高考的有关政策,即不具有我省户籍的随迁子女,在我省具有高中阶段3年完整学籍并有相应学习经历,可在学籍地参加高考。

一样免费。随迁子女接受义务教育,流入地不得以任何理由和任何名义向随迁子女及其家长收取择校费、赞助费、捐资助学费、共建费等。随迁子女接受非义务教育,流入地应执行相同的收费项目、标准和方式,不得有任何形式的歧视性收费。

三、大力改善随迁子女就学条件

各地要执行《中华人民共和国义务教育法》及我省实施办法,依法承担随迁子女接受义务教育的政府责任,将其全面纳入教育事业发展总体规划中,依据城市人口变动、城镇化进程和随迁子女就学需求等因素,合理布局中小学校,加强城镇人口密集地区学校建设,扩大教育资源并统筹配置,防止发生新一轮"大班额"现象。按照义务教育均衡发展的要求配置资源,加强城乡结合部的学校建设,改善和提高农民工定点学校办学条件,并逐步取消具有歧视性政策的定点学校,积极为随迁子女提供平等接受义务教育的环境,切实保障他们接受义务教育的权利。各地要完善义务教育经费保障措施,将随迁子女义务教育公用经费纳入接收学校的经费预算中统筹安排,按进城务工农民随迁子女的在校生数拨付经费,予以保障;要将家庭经济困难随迁子女全部纳入流入地资助范围,帮助他们完成学业。积极制订政策措施,对接收学校予以经费支持和适当奖励。完善电子教育券制度,会同财政部门将流出地补助的公用经费及时核拨到流入地。各地要着力扩大学前教育资源,最大限度地解决随迁子女"入园难"问题。

四、切实提高随迁子女教育质量

各流入地教育行政部门和就读学校要积极采取措施,优化教育教学管理和环境,改进教育教学方法,提高课堂教学效果,切实提高随迁子女就学的教育质量。就读学校要及时摸清随迁子女基本情况,建立成长档案,包括学生的学习情况、身体素质、家庭基本情况、家长务工单位及联系方式等信息,学校随时与家长联系沟通,跟踪管理,将学生的成长情况记录在成长档案中。随迁子女与城区学生实行统一编班,在学生管理、评优奖励、入队入团、考试竞赛、文体活动等方面,与城市儿童少年同样对待。同时,广泛开展各种形式的帮扶活动,加强心理健康教育,对随迁子女实施人文关怀,帮助他们增强学习自信心,了解城市,融入学校,快乐生活,不断提高他们的学习兴趣和成绩。

五、切实加强随迁子女就学管理

各地要结合居住证的使用,加强随迁子女在流出地、流入地的电子学籍管理,确保流出、流进都有相应的信息记录,并做好两地的及时有机对接。健全目标管理责任制和考核奖惩制度。加强理论研究和社会宣传,不断增强工作的针对性、实效性,多形式、多渠道宣传随迁子女就学工作的重要性、必要性,宣传随迁子女就学工作的先进典型,宣传随迁子女的自强精神和先进事迹,积极营造全社会重视、关心、支持随迁子女教育工作的氛围。省教育厅将建立随迁子女工作激励与约束机制,评选随迁子女示范学校,对工作成绩突出的地区、单位和个人给予表彰和奖励。制订随迁子女就学管理考核标准和办法,加强对各地随迁子女就学工作的专项考核,并把考核的结果纳入对市(县、区)教育工作的督导考核,纳入教育监测指标体系和教师考评考核,监督检查和考核结果以适当方式公布。

安徽省教育厅

2013年4月8日

安徽省人民政府办公厅关于加强中小学教师队伍建设的意见

皖政办〔2012〕35号

各市、县人民政府,省政府有关部门:

为贯彻落实《安徽省中长期教育改革和发展规划纲要(2010—2020年)》、《安徽省中长期人才发展规划纲要(2010—2020年)》精神,全面提高我省中小学教师队伍整体素质,推动基础教育事业科学发展,经省政府同意,现就加强我省中小学教师队伍建设提出以下意见:

一、强化政策措施,改善农村教师队伍结构

(一)完善学校编制管理。逐步实行城乡统一的中小学编制标准,对农村边远地区实行倾斜政策。县级人民政府要在省批准的中小学教职工编制总量内,实行动态管理,编制向农村学校倾斜。加强农村学校和紧缺学科教师配备,促进校际间师资均衡配置,确保农村中小学开齐开足课程。

(二)创新教师补充机制。继续实施农村义务教育学校教师特设岗位计划。加大"三支一扶"计划中支教指标的比例,鼓励包括免费师范生在内的高校毕业生到农村基层和艰苦地区任教。完善高校优秀师范生到农村学校顶岗实习制度,扩大农村骨干教师到高校脱产培训和高校师范生到农村学校顶岗实习的规模。

(三)加大城镇教师支教力度。各级教育行政部门要建立健全城镇学校教师支援农村教育制度。城镇学校新进教师原则上先到农村学校任教2年以上,城镇中小学教师评聘高级教师职务、评选特级教师要有1年以上在农

村学校任教经历。城镇的示范高中和特色学校要与农村学校建立长期稳定的校际对口支援关系。各地要创造条件,关心城镇支教教师的生活和工作,给予其一定的生活补助和交通补贴。

二、健全培养培训体系,提高教师队伍专业化水平

(四)加强教师教育。构建以师范院校为主体、综合大学参与、开放灵活的教师教育体系。按照基础教育课程改革和实施素质教育的要求,深化教师教育改革,创新人才培养模式,强化与中小学教学实践的联系,加强教育实习实践环节,提高教师职前培养水平。做好免费师范毕业生就业工作,确保免费师范毕业生到中小学任教有编有岗。

(五)完善教师培训制度。实行五年一周期教师继续教育制度。深入实施"国培计划",扩大实施"省培计划"。整合师训、教研、电教等各种培训资源,实行校本研修、集中培训与远程学习相结合,推进教师教研与培训一体化。采取有效措施,加速推进小学教师学历专科化、初中教师学历本科化。

(六)加强教师培训基地建设。建立教师培训机构准入和培训水平评估制度,对教师培训机构进行资质认证。加强县级教师进修学校基础能力建设,推动教师进修学校与教研、电教、电大等部门的整合和联合,形成上联高校、下联中小学校的区域性教师学习与资源中心。

(七)实施"江淮名师名校长"培养计划。完善省特级教师、学科(专业)带头人、教坛之星和优秀校长等培养选拔机制,通过设立名师名校长工作室、给予经费资助、开展课题研究、参加业务研修等方式,培养造就一批专家型教学名师和名校长。

三、完善体制机制,健全教师队伍管理制度

(八)完善教师管理体制。中小学教师实行"以县为主"的管理体制,县级人民政府要统筹管理教师队伍,合理配置教师资源。县级教育行政部门依法履行中小学教师的招聘录用、职务(职称)评聘、培养培训和考核等管理职能;县级编制、人力资源社会保障、财政等部门在各自的职责范围内做好相关

工作。

（九）严格教师资格制度。省级教育行政部门统一组织中小学教师资格考试和资格认定，逐步实行教师资格定期登记制度，积极探索并制订教师资格制度与教师岗位聘用、培养培训、考核制度相结合的办法，形成激励教师终身学习和不断发展的机制。

（十）完善教师公开招聘制度。按照"省考、县管、校用"的原则，今后新任中小学教师实行全省统一公开招聘考试，笔试由省教育厅会同省人力资源社会保障厅、省编办、省财政厅统一组织实施；面试由市、县级教育行政部门会同人力资源社会保障、编制、财政部门组织实施。省教育厅负责会同有关部门研究制订中小学教师公开招聘实施意见。

（十一）深化人事制度改革。全面实行中小学教师全员聘用制度和岗位管理制度，坚持在核定的教职工编制总额内按需设岗、竞聘上岗、按岗聘用、合同管理，实现由固定用人向合同用人转变、由身份管理向岗位管理转变。在有条件的地方，按照隶属关系，对新进教师以市、县为单位，积极探索试行"无校籍管理"，由相应教育行政主管部门在编制内统筹管理，由学校根据需要按期聘用，动态调整，合理流动，促进教师资源优化、均衡配置。

（十二）建立健全教师考核和退出机制。加强教师的学年度考核和聘期考核，并将考核结果作为调整岗位、工资分配，以及解除、续订聘用合同的基本依据。对经考核不合格的，由县级教育行政部门组织培训；经培训仍不合格的，应当调整岗位或者按照规定解除聘用关系。

（十三）完善教师交流轮岗制度。各级教育行政部门要按照管理权限，组织实行城区学校间、农村学区学校间的教师定期交流，推行城乡间教师支教、挂职等多种形式交流，实施城乡学校结对帮扶，加强薄弱学校师资建设。

（十四）改革教师职务制度。建立与事业单位聘用制度和岗位管理制度相衔接，符合教师职业特点，统一的中小学教师职务制度，在中小学设置正高级教师职务。实行城乡统一的教师岗位结构比例。完善中小学教师专业技术水平评价标准。

（十五）完善校长管理制度。担任中小学校长一般应从事教育教学工作

5年以上,其中中学校长应具备本科及以上学历、中级及以上教师职务,小学校长应具备专科及以上学历、中级及以上教师职务。高级中学和完全中学校长一般由县级以上教育行政部门提名、考察或参与考察,按干部管理权限任用;初中和小学校长由县级教育行政部门选拔任用并归口管理。积极推行中小学校长竞争上岗、公开招聘。实行中小学校长负责制和任期制,校长全面负责学校工作,每届任期为3—5年,在同一所学校任职满两届的原则上应予以交流。逐步推行校长职级制,取消校长的行政级别。

四、加大投入力度,提高教师地位和待遇

(十六)加大资金投入。县级以上教育行政部门的继续教育经费由同级财政安排,经费标准不低于中小学教师工资总额的1.5%,并在地方教育事业费中专项列支。地方教育费附加中按不低于5%的比例用于义务教育阶段教师的培训。农村义务教育学校按照学校年度公用经费预算总额5%安排教师培训。

(十七)改善教师待遇。各级政府应依法保证教师平均工资水平不低于或者高于当地公务员的平均工资水平,并逐步提高。县级教育、人力资源社会保障、财政等部门要按照国家和省有关规定,落实社会保险和住房公积金政策待遇,切实改善教师的工作和生活条件。对长期在农村基层和山区贫困地区工作的教师,在工资、职务评聘等方面实行倾斜政策,完善津贴补贴标准。对新聘到省政府公布的全省"十二五"扶贫开发工作重点县(市、区)(皖政秘〔2012〕125号)县城以下(不含城关镇)学校任教的高校毕业生,享受提前定级待遇;转正定级时,薪级工资高定2级。

(十八)加快农村教师居住周转宿舍建设。各级政府要结合中小学布局调整和新农村建设规划,制定支持政策,将符合条件的教师住房纳入地方保障性住房建设规划,加强农村学校教师居住周转宿舍建设,改善农村边远艰苦地区教师特别是特岗教师、支教交流教师和寄宿制学校管理教师的工作生活条件,鼓励优秀教师到农村艰苦边远地区学校任教、支教。

五、坚持育人为本,提高教师职业道德水平

(十九)加强师德师风教育。围绕全面实施素质教育、全面加强未成年人思想道德建设的目标要求,进一步加强中小学教师的职业理想教育。坚持把师德建设放在首位,以爱国守法、爱岗敬业、关爱学生、教书育人、为人师表、终身学习为重点,持续开展形式多样的师德教育活动,全面提高教师的师德素养。

(二十)规范教师从教行为。各级教育行政部门和学校要严格按照《中华人民共和国教师法》、《中小学教师职业道德规范》要求,规范教师的从教行为。广大教师要爱国守法,爱岗敬业,不得有违背党和国家方针政策的言行,不得无故停课、缺课、擅离职守;要关爱学生,教书育人,不得歧视学生,不得对学生实施体罚、变相体罚或者其他侮辱人格尊严的行为,不得组织或者参与对学生的有偿家教、有偿补习,在工作岗位上遇到涉及学生人身安全的紧急情况时,应当采取措施保护学生人身安全;要为人师表,终身学习,严禁利用职务之便向学生或家长谋取私利,不得以任何手段抄袭、剽窃和侵占他人劳动成果。

(二十一)完善师德考核奖惩制度。各级教育行政部门和学校要健全师德考核制度,建立教师师德档案,把师德表现作为教师年度考核、职务评聘和评先评优的重要依据,将师德建设作为学校办学水平的重要指标,实行师德问题"一票否决"。要完善师德激励机制,定期开展师德先进评选和表彰活动,树立师德典型,发挥优秀教师的示范作用,营造师德师风建设的良好氛围。

六、加强组织领导,确保教师队伍建设工作取得实效

(二十二)加强对教师队伍建设工作的领导。各级政府要把教师队伍建设作为教育事业发展最重要的基础工作抓实抓好,切实加强组织领导,形成政府统筹、部门协作、齐抓共管的工作格局。各地要根据本意见精神,结合实际,在深入调查研究的基础上,制定加强教师队伍建设规划和相关政策措施,大力营造教师队伍建设的良好政策环境和社会环境。

(二十三)完善教师队伍管理责任体系。省、市、县三级教育行政部门和中小学校长是教师队伍建设的责任主体,要明确目标任务,制定配套政策,采取有力措施,落实工作责任。县级教育行政部门要把教师队伍建设摆在教育工作重中之重的位置,切实负起统筹管理责任。校长是学校管理的第一责任人,要全面承担起教师队伍建设的职责,进一步建立健全教师管理制度。

(二十四)加强教师队伍建设督导工作。坚持将教师队伍建设作为领导干部教育工作督导考核的重要内容,并纳入有关部门和学校领导班子的考核,总结成绩,整改不足,确保教师队伍建设工作取得实效。

安徽省人民政府办公厅
二〇一二年四月二十四日

安徽省教育厅关于进一步加强中小学教师队伍管理工作的通知

皖教师〔2010〕9号

各市、县(区)教育局:

近年来,全省各级教育行政部门在当地党委、政府领导下,坚持把中小学教师队伍建设放在突出位置,完善措施,强化管理,不断提升教师队伍整体水平,为全省基础教育改革和发展提供了有力的人才支撑。但由于各种原因,我省一些地方中小学教师队伍管理还比较薄弱,存在教师配置不合理、教师在编不在岗、教师管理手段落后等突出问题。为进一步加强我省中小学教师队伍管理工作,现就有关事宜通知如下。

一、加强编制管理,合理配置教师资源

2009年8月,全省各市、县(区)中小学教职工编制总额已经省政府批复下达。各市、县(区)教育行政部门要在当地党委、政府的统一领导下,积极协调有关部门,按照倾斜农村、促进均衡的原则,切实加强中小学编制的总量调控与统筹使用;要通过逐校核编,切实解决当前中小学编制管理中存在的学段结构、区域分布等方面的突出矛盾和问题;要充分发挥编制在教师配置上的基础性作用,引导和鼓励教师从城镇学校向农村学校、从超编学校向缺编学校流动,促进教师资源的合理配置。

教师短缺而又有编制的市、县(区),要抓紧补充教师,优先解决紧缺学科和农村学校教师的不足问题,同时避免一边给农村学校增加新教师、一边又把农村骨干教师选拔到城镇学校的现象发生;学校布局调整产生的富余教师,由市、县教育行政部门组织培训后,可转岗从事幼儿教育教学或到寄宿制学校担任生活指导教师;要按照教育部、卫生部、财政部印发的《国家学校体育卫生条件试行基本标准》等规定配齐音乐、体育、美术等紧缺学科教师和卫生(保健)人员;800人以上规模学校和寄宿制学校原则上要配备专职心理健康教育教师,其他学校要有兼职的心理健康教育教师。

二、强化日常考核与管理,全面清理在编不在岗人员

各市、县(区)教育行政部门要进一步加强对辖区内教职工日常考核,把教职工的常规考核与师德考评、绩效考核结合起来,不断完善考核办法。要以事业单位岗位设置改革为契机,指导学校坚持按需设岗、竞聘上岗、按岗聘用的原则,科学制定岗位设置方案和人员竞聘上岗方案。方案中要明确岗位条件、岗位职责及竞聘上岗办法,并经学校教职工代表大会通过后实施。

各市、县(区)教育行政部门要结合核编到校、岗位设置改革和绩效工资实施工作,对学校在编不在岗人员进行一次全面清理,摸清情况,明确责任,严肃纪律,处理到位。任何单位和部门不得违反规定占用或变相占用中小学教职工编制,对长期占用学校编制的各类在编不在岗人员,要限期与学校脱离关系。对因进修、病假、事假等原因长期离岗的人员,经查实后按规定履行手续并按考勤制度处理;对以进修、病假、事假等为借口,在外长期从事其他职业的,要坚决按照有关规定程序办理辞退或辞职手续;对未经县级及以上教育行政部门批准,擅自离开本岗位,到其他单位工作或其他各类学校代课的,要限期归队,不能按期归队的要按有关规定办理解聘、辞退或辞职手续;对不再从事学校管理工作的原学校负责人,要安排到学校其他教育教学岗位,对转岗后不履行岗位职责的不得享受在岗教职工的有关工资待遇。

各市、县(区)教育局主要负责人对辖区内学校在编不在岗人员清理工作负总责,所在学校主要负责人为清理工作的第一责任人。在清理工作中,要坚持公开、公平、公正的原则;要认真细致地核对基础材料,准确掌握情况,自觉接受群众和社会的监督;要坚持实事求是,边查边纠,进一步健全教职工管理制度;要强化"谁主管、谁负责",对为教师擅自离岗提供方便的,要严格实

行责任追究。对在清理工作中弄虚作假、隐瞒不报的,一经查实,要严肃追究相关人员的责任。

各市、县(区)教育局要对清理工作进行总结,并填写《中小学在编不在岗人员清理情况统计表》(见附件)。请各市教育局将汇总表(附各县(区)统计表)连同书面总结于9月底之前报送省教育厅师资处。

三、优化管理手段,提高教师队伍管理的信息化水平

2001年我省开发了"安徽省中小学教职工信息管理系统",建立了中小学教职工数据库。多年来,中小学教职工数据库为我省各级教育行政部门及时、准确地掌握教职工队伍信息,科学制定教师队伍建设规划和相关政策发挥了重要作用。目前,省教育厅正在研制中小学教职工信息网络管理平台,构建省、市、县三级教师队伍管理系统。各级教育行政部门要进一步提高认识,不断充实和完善中小学教职工数据库,加快中小学教职工网络信息平台建设,实行教师队伍动态管理。要充分发挥教职工数据库功能,利用信息手段提高管理水平和工作效率,健全和完善各项管理制度,逐步实现教师队伍管理的制度化、规范化和管理手段的现代化,切实提高中小学教师队伍管理水平,更好地服务于基础教育的改革和发展。

联系人:省教育厅师资处王淑芳　联系电话:0551－2822080

电子邮件:sfc@ahedu.gov.cn

安徽省教育厅

二〇一〇年八月十二日

安徽省人民政府办公厅转发省教育厅关于进一步加强中小学管理规范办学行为意见的通知

皖政办〔2009〕87号

各市、县人民政府,省政府有关部门:

经省政府同意,现将省教育厅《关于进一步加强中小学管理规范办学行为的意见》转发给你们,请认真贯彻执行。

附件:安徽省教育厅关于进一步加强中小学管理规范办学行为的意见

安徽省人民政府办公厅
二〇〇九年七月二十七日

附件:

安徽省教育厅关于进一步加强中小学管理规范办学行为的意见

为进一步加强中小学管理,规范办学行为,全面推进素质教育,根据《中华人民共和国义务教育法》、《教育部关于当前加强中小学管理规范办学行为的指导意见》(教基一〔2009〕7号)等规定,结合我省实际,现就进一步加强中小学管理、规范办学行为提出如下意见:

一、充分认识规范中小学办学行为的重要意义

近年来,我省基础教育事业快速发展,整体上进入了更加注重内涵发展和提高质量的新阶段。加强中小学管理,规范办学行为,是全面贯彻党的教育方针,办好每一所学校,推动基础教育实现科学发展的必然要求,也是推进依法治教,促进教育公平,构建和谐安徽的迫切需要。经过全省上下的共同努力,我省中小学管理进一步加强,乱招生、乱收费等现象得到遏制,办学行为进一步规范。同时,在一些地方还不同程度存在违规办学、学校管理松弛、办学行为无序等问题,成为人民群众普遍关注的热点问题,必须切实加以解决。

各级政府要站在贯彻落实科学发展观的高度,充分认识规范办学行为的重要意义,切实把规范办学行为工作列入重要议事日程,大力倡导科学的教育观,切实保障基础教育学校基本办学条件,组织排查突出问题,有针对性地提出加强中小学管理、规范办学行为的目标任务和工作要求,为全面实施素质教育营造良好环境。各级教育、监察、公安、财政、人力资源社会保障、民政、物价、新闻出版等部门以及妇联、共青团等群团组织要在各自职责范围内积极做好规范中小学办学行为的工作。

二、进一步明确规范中小学办学行为的内容

(一)严格规范招生秩序。义务教育阶段学校严格执行划片招生、就近入学的政策,不得违规提前招生和举行任何形式的选拔性考试。各级政府要指

导教育行政部门和学校均衡生源安排,合理确定学校招生范围。普通高中招生严格执行"三限"政策,严禁在"三限"政策之外以其他任何名义招收高收费学生。省级示范高中招生指标按不低于省规定的比例均衡分配到区域内各初中学校。

加强招生过程管理。中小学招生实行"七公开"原则,即公开招生政策、公开招生计划、公开招生范围、公开招生程序、公开录取方式、公开录取结果、公开重大案件处理结果。各级政府及教育部门不得以任何形式层层下达升学指标,不得以任何形式统计、公布各市、县(市、区)及所属学校的升学人数、升学率、升入重点大学的情况等高考信息,不得用考试成绩对各市、县(市、区)及学校进行排名或考核奖惩。禁止宣传炒作高考升学率、升入重点大学以及"中考、高考状元"等。

(二)严格执行教育教学管理规定。义务教育阶段学校要均衡配备教师,均衡编班教学,不得以任何名义分重点班和非重点班,保障学生平等接受教育的权利。依据国家规定控制班额和班级数,小学每个班级不超过46人,初中不超过50人,普通高中不超过56人。认真执行省中小学学籍管理规定,建立健全学生转学、休学、复学等各项管理制度,积极推行学籍信息化管理,按照规定时间和要求注册学籍。

认真执行国家和省颁课程方案,落实课程标准,开齐开足课程。高度重视信息技术、艺术、体育与健康、综合实践活动课等课程的开设,并纳入学生学业水平考试和综合素质评价之中。学校要控制作业数量,提高作业质量,切实减轻学生课业负担。

严格规范考试行为。考试内容不超出课程标准规定范围,全面推行日常考试成绩无分数评价,严禁公布学生考试成绩,严禁将考试成绩与其他任何形式的奖惩挂钩。举办各种统考、联考等活动必须经市级以上教育行政部门批准。未经省教育行政部门批准,学校不得组织中小学生参加各种竞赛活动,更不得"以赛促销"、"以赛代销"。

科学安排作息时间,依法保障师生的休息权。走读生每天在校教育教学活动的时间,小学不超过6小时,初中不超过7小时,普通高中不超过8小时。坚持学生每天锻炼1小时。保障学校开展团队活动和社会实践活动时间。严禁中小学校以任何名目利用节假日组织学生集体补课。禁止中小学校为社会上各类补习班提供教学设施或场地。

严禁公办学校以改制名义举办"校中校",严禁教育行政管理人员和教师以集资入股等形式参加民办教育机构办学。对外联合办学必须遵照国家相关的法律法规,履行审批手续。依法加强对中外联合办学机构的监管,落实国家课程标准,完成各项教育教学活动,坚持正确的办学方向。对违反国家有关规定,超越职权审批或未经批准擅自设立或举办的中外合作办学机构或项目,应坚决取缔。

(三)加强教师队伍建设,规范教师行为。要加强教师的业务培训,改善教师的工作条件和生活条件。建立科学的教师评价体系,综合考虑师德表现、工作态度、专业发展、工作量、工作难度和工作实绩等。实施义务教育阶段学校绩效工资制度,依法保障中小学教师平均工资水平不低于当地公务员平均工资水平。

提倡教师利用课外时间免费为学生补缺补差,其教学时间可计入教师的工作量,作为工作考核内容之一。严禁教师对学生实行有偿家教、有偿补课,私自在校外兼课、兼职,组织学生统一征订教辅材料。教师要尊重学生人格,不歧视学生,不体罚、变相体罚学生,关心帮助学习困难的学生,保护学生合法权益。

(四)加强中小学校教材教辅资料使用管理。严格教学用书管理。各级教育行政部门和中小学校在省教育厅公布的中小学教学用书目录中按照规定的程序选用教学用书,不得选用目录之外的教学用书。

规范教学辅助资料选用。进入学校使用的学生印制作业必须经省中小学教材审定委员会审定通过。学校选用的专题教育读本,必须经省中小学教材审定委员会审查通过,作为学校图书馆用书,所需费用列入学校公用经费预算开支。

(五)规范学校收费行为。认真贯彻落实义务教育经费保障机制的各项政策,禁止一边免费一边乱收费。各级物价、教育、财政部门要依法履行职责,按照有关规定确定收费项目、制定收费标准。实行收费公示制度,做到收支两条线。完善学校经费收入使用情况定期审计和公示制度,主动接受监督。严禁学校设立小金库和账外账。严禁任何单位以任何形式截留、平调、挤占、挪用教育收费资金和学校资源。

严禁举办各类收费补习班,严禁学校、教师举办或与社会办学机构合作举办向学生收费的各种培训班、补习班、提高班等有偿培训。学校服务性收费和代收费必须坚持学生自愿和非营利原则,不得与学费合并统一收取,即时发生即时收取,据实结算。严禁学校强制服务并收费,或只收费不服务,不得在代办收费中加收任何费用。

(六)重视学校安全管理,确保师生安全。各地要认真落实《中小学公共安全教育指导纲要》,建立和完善重大突发事件应急预案,认真实施中小学校舍安全工程。要健全和落实学校安全预警应急、联防联动、事故通报、责任追究等制度,及时报告和消除各种安全隐患。

各级教育行政部门、各学校要进一步加强中小学公共安全教育,在学生中广泛开展交通安全、预防溺水、地震安全、人身安全教育,培养中小学生的公共安全意识,提高中小学生面临突发安全事件自我救护的应变能力。加强农村寄宿制学校管理和校车安全管理,加强校舍安全隐患排查,保证校舍安全。

三、建立和完善规范中小学办学行为的长效机制

(一)切实加强领导。各市、县(市、区)政府要加强领导,坚持"属地管理"和"谁主管、谁负责"的原则,切实履行加强中小学管理、规范办学行为的职责,确定本地区规范中小学办学行为工作重点,提出明确要求,做出专门部署,狠抓工作落实,为规范中小学办学行为创造良好的保障条件和环境。各市、县(市、区)教育行政部门以及各中小学校的主要领导为第一责任人,分管领导为直接责任人。

(二)明确工作职责。落实各级教育主管部门的管理职责。省教育厅统筹协调、监督指导全省的中小学管理工作,制定和完善全省中小学校管理基

本规范,有针对性地提出规范办学行为的目标任务和工作要求,组织随机检查,加强对市、县级教育行政部门的指导,落实规范办学的各项要求。市级教育行政部门负责本地区规范办学行为工作,加强对本行政区域的学校管理和规范办学行为的指导和监督检查。县级教育行政部门要具体分析当地中小学办学行为、学生课业负担及体质健康状况,研究制定符合当地实际的管理办法,及时纠正本行政区域内各种不规范办学行为。各中小学校要按照办学行为规范要求,切实加强管理,维持教育教学秩序,保证办学行为符合实施素质教育的要求。

(三)严格责任追究。建立专项检查、监督制度,切实强化监管。教育督导部门要将规范办学行为作为一项重要内容,列入县级党政领导教育工作的考核,列入对市教育局的工作评估。省教育厅等部门要加强对规范中小学办学行为情况的明察暗访,组织抽查,并将检查结果通报全省。

依法建立规范办学行为的责任追究制。县级以上政府未依法均衡安排义务教育经费的,未按照国家有关规定制定调整学校设置规划的,学校建设不符合国家规定的办学标准、选址要求和建设标准的,未定期对学校校舍安全进行检查并及时维修、改造的,由上级政府责令限期改正。县级以上政府或者教育行政部门将学校分为重点学校和非重点学校的、改变或变相改变公办学校性质的,由上级政府或者其教育行政部门责令限期改正、通报批评;情节严重的,对直接负责的主管人员和其他直接责任人员依法给予行政处分。

中小学校违反教育教学规定,由县级教育行政部门责令限期改正;情节严重的,对相关责任人依法给予处分;属于省、市示范类学校的,实行黄牌警告,限期整改,整改不合格的按照规定程序取消其资格。民办学校违反教育教学管理、发布虚假招生广告,严重影响当地招生和教育教学秩序的,由批准其设立的教育行政部门责令限期改正,直至责令停止招生、吊销办学许可证。对出具虚假休学、转学、毕(结)业证明,涂改学籍档案的学校和个人,由教育主管部门给予相应处分。

教师从事有偿家教、收费补课、体罚学生、品行不良、侮辱学生,由所在学校或教育行政部门给予行政处分或者解聘;情节严重,构成犯罪的,依法追究刑事责任。

（四）加大宣传力度。各市、县（市、区）政府及有关部门和各学校要结合自身和当地的工作实际，借助广播、电视、报刊、网络、宣传栏等，加强对规范办学工作的宣传，并主动接受社会、家长、学生的监督，争取赢得社会、家长、学生的支持和理解，营造良好的社会氛围。

民办学校办学除国家法律法规有规定要求外，均按以上相关规范执行。

安徽省教育科学研究院关于申报安徽省教育科学规划 2014 年度基础教育三项改革专项课题的通知

教科研函〔2014〕45 号

各市、省直管县教育局教研室（教科院所、规划办），相关高等院校、研究机构：

经安徽省教育科学规划领导小组研究，决定设立"安徽省教育科学规划 2014 年度基础教育三项改革专项课题"。为做好专项课题的申报工作，现将有关事宜通知如下：

一、申报条件

（一）凡致力于基础教育三项改革研究的科研机构、教研工作者、各级教育行政管理干部、各级各类学校教育教学及管理人员、学术团体、个人均可申报专项课题研究。

（二）课题申报采取协同申报方式，实行 2 位课题主持人，并以课题第一主持人为主，协同主持人应来自于不同单位，实现校际之间、学校与科研院所、学校与行政部门协同研究的形式与方法。

（三）每 1 位申报人不得同时申报 2 项课题；已承担省级规划课题而尚未结题者不得申报。

二、项目类别与经费资助

安徽省教育科学规划 2014 年度基础教育三项改革专项课题共设 30 项，其中重点课题 3～4 项，一般课题 20 项，经费自筹课题 6～8 项。

本专项课题实行协同创新经费专项资助,一般课题每项资助经费0.8~1.5万元,重点课题每项资助经费1.5~3.0万元,经费自筹课题不资助。

三、课题研究时限

本专题课题具有一定的应对性,研究时间原则上定为1年,特别需要的可延至2015年12月31日。逾期未结项的项目终止研究。

四、课题研究成果

专题课题研究成果归属个人所有,但公开发表或展示时必须署名"基础教育三项改革专项课题"研究成果。同时,基础教育改革与发展协同创新中心可以在一定范围内推广与宣传研究成果。

五、课题申报要求

(一)本专项课题主要以基础教育"均衡发展"、"平等就学"和"减负增效"为主要研究领域,也可以围绕当下推进基础教育领域综合改革的相关内容开展研究。申报时应注意研究基础教育改革三项改革中亟待解决的全局性、战略性和前瞻性问题的同时,突出对教育教学改革成功经验的科学总结,或体现教育工作者创造性的实践探索;倡导推进理论创新和实践问题解决的研究,力戒低水平重复研究。

(二)为了便于选题,专门列出《基础教育三项改革专项课题研究选题指南》(见附件)供选题参考,也欢迎申报者围绕基础教育三项改革,结合教育改革发展形势和教育教学面临的实际问题,自主提出研究课题。申报选题应侧重选题的针对性、实效性,具有一定的创新价值、学术价值、实践价值和推广价值,鼓励多开展应对策略的实证性研究。

(三)申报者应认真做好课题论证和研究设计,实事求是地填写统一规格的《安徽省教育科学规划专项课题申请书》,申报者所在单位应认真签署意见。

(四)申报人提交的《安徽省教育科学规划专项课题申请书》必须符合统

一规格,并以 A4 纸双面打印。否则,不予受理。

六、申报办法

(一)课题申报采取分地区或部门统一报送办理的办法。各市申报工作由所在市教科院、所(教研室、规划办)具体组织办理。申报者将填写好并经所在单位签署意见的申请书报所在市教科院、所(教研室、规划办),市里要对申报人材料进行认真初审,对明显不具备研究能力或论证及设计过于简单地视为初审不合格,不予上报;初审合格的申请书签署意见后汇总上报。

相关高校或科研机构有意申报专项课题的,申请书由所在单位科研管理部门签署意见后报送;属合肥师范学院基础教育改革与发展协同创新中心的协同体单位申报可由协同创新中心审核后统一报送。

(二)各市请于 2014 年 7 月 15～20 日,将最终申报材料包括申请书一式 3 份、申报汇总表一式 2 份寄送至合肥师范学院基础教育改革与发展协同创新中心,同时将申请书及申报汇总表电子版发送至 jcjysxgg2013@163.com。申请书和汇总表可访问安徽省教育科学研究院网站(www.ahjky.com.cn)或合肥师范学院基础教育改革与发展协同创新中心网站(www.hftc.edu.cn/xtcx/)有关栏目阅读、下载。

通讯地址:合肥师范学院三孝口校区图书馆四楼协同创新中心

邮编:230061　　**联系人**:阚逸群　　**联系电话**:0551－62836146

(三)申报受理结束后,省教育规划办将采取学科专家评议的方式初步确定拟立项课题,并在安徽教育网上公示无异议后,以省教育厅文件公布。对于批准立项的课题,省教育规划办将依据有关管理办法实施管理。

附件:基础教育三项改革专项课题研究选题指南

安徽省教育科学研究院
合肥师范学院基础教育改革与发展协同创新中心
2014 年 5 月 26 日

附件：

基础教育三项改革专项课题研究选题指南

为引领广大基础教育研究与实践工作者，围绕推动基础教育事业科学发展，回应社会需要和群众关切的基础教育三项改革重点领域与关键环节问题，我省基础教育改革重视以创新为导向的基础研究，加强基于证据的决策研究，强化以标准和模式为主导的实践研究，体现基础教育三项改革科学研究的战略性、前瞻性，提高选题的针对性、实效性，形成推动教育改革发展的创意、经验、理论、制度、模式、标准，促进研究成果转化，省教育科学规划办与基础教育改革与发展协同创新中心面向全省教育理论研究和教育实践工作者，组织开展三项改革专题研究。主要选题方向如下：

一、基础教育均衡发展研究

1. 基础教育的优质均衡化发展研究
2. 城乡义务教育均衡发展的比较研究
3. 义务教育从机会公平走向过程和结果公平的政策保障研究
4. 基础教育均等化的资源配置政策设定研究
5. 义务教育均衡发展监测与评价研究
6. 促进义务教育均衡发展的教师流动机制研究
7. 完善教育基本公共服务体系的主要制度与关键政策研究
8. 发达国家教育基本公共服务的制度和政策的分析及案例研究
9. 安徽省城市新建区域教育规划发展研究
10. 城乡一体化背景下的义务教育体制、机制改革研究
11. 学龄儿童明显减少背景下义务教育学校布局调整研究
12. 城市义务教育阶段择校与控制择校的行为模式研究
13. 有效缓解义务教育阶段城市学校择校问题的政策研究
14. 基于多元融合的区域内教育均衡发展策略研究
15. 区域基础教育发展规划及其实施的研究

16. 促进安徽省城乡义务教育均衡发展的财政保障政策的研究

17. 皖南（大别山）山区农村义务教育质量保障体系建立研究

18. 农村中小学现代远程教育工程应用效益评估研究

19. 惠及全民的教育信息化支撑体系应用示范研究

20. 国（境）外基础教育均衡发展比较研究

二、农民工子女教育问题研究

21. 农民工子女免费义务教育实施现状的调查研究

22. 留守儿童和流动儿童的心理发展特点研究

23. 农民工子女教育保障机制研究

24. 农民工子女学校融合教育研究

25. 农民工子女在流入地义务教育后升学考试研究

26. 留守儿童学校和社会关爱机制研究

27. 农民工子女教育援助机制研究

28. 农民工子女接受公平教育公共政策和社会支持系统的研究

29. 农民工子女占多数的课堂教学模式的研究

30. 城镇化进程中农民工子女教育问题研究

31. 城市学校学生午间托管研究

32. 安徽省农村义务教育阶段寄宿制学校建设的投入政策研究

33. 留守儿童之家的环境建设研究

34. 农村寄宿制学校学生管理教育研究

35. 弱势群体子女和流动人口子女等特殊学生群体的教育问题调查

三、规范办学行为减轻课业负担研究

36. 义务教育阶段学生课业负担监测与公告制度研究

37. 建立普通高中教育质量监控体系的研究

38. 国（境）外基础教育质量提升的保障研究

39. 普通高中学生课业负担的调查研究

40. "翻转课堂"的探索与案例研究
41. 推行中小学生适性教育的调查研究
42. 中小学生课外活动体系和学校文化活动体系构建的研究
43. 高质量的学科课堂教学模式研究
44. 学校教育、家庭教育与社会教育协调配合研究
45. 义务教育阶段招生考试制度改革的政策研究
46. 大班额条件下的因材施教研究
47. 中小学生健康素养评价指标体系研究
48. 区域义务教育质量基本标准和监测制度的研究
49. 校外培训机构对中小学生学习行为及学校教学的影响研究
50. 安徽省青少年学生身体素质发展状况调查

安徽省教育厅关于公布 2014 年度安徽省教育科学规划三项改革专项课题立项评审结果的通知

皖教秘〔2014〕472 号

各市、县(区)教育局,有关高等学校:

各地申报的 2014 年度安徽省教育科学规划三项改革专项课题共有 244 项。经省教育科学规划领导小组办公室组织有关专家评审、社会公示和省教育科学规划领导小组、省教育厅审查批准,确定 41 项为 2014 年度省教育科学规划三项改革专项立项课题,现予公布,并请你们督促各课题组做好课题研究工作。

一、各课题组应尽快确定具体的实施方案,在 3 个月内组织开题,并将实施方案和开题情况通过所在市或院校教育科研管理部门报送合肥师范学院基础教育改革与发展协同创新中心。

二、严格执行《安徽省教育科学研究省级课题管理办法》及《安徽省教育科学省级课题管理细则》,做好课题自我管理工作。课题重要活动、重要变更和重要成果均需经学校和市教育科研管理部门签署意见后报省教育科学规划领导小组办公室和合肥师范学院基础教育改革与发展协同创新中心。

三、各课题组要按照文件规定的时间完成课题研究。因特殊原因不能按时完成的,必须在规定结题期限的 3 个月前向省教育科学规划领导小组办公室提出书面延期申请,经批准后方可适当延期,延期时间原则上不超过 6 个月。否则,撤销立项,课题主持人在 2 年内不得申报新的省教育科学规划课题。

四、个别课题根据专家建议对课题名称作了调整,课题组要依据正式下达的课题名称调整研究重点和课题设计。

五、合肥师范学院基础教育改革与发展协同创新中心将按资助标准拨付款项至课题第一主持人所在单位,或由当地教育主管部门财务代管。经费自筹项目将视其研究成果给予一定的奖励或后期资助。各课题组要严格按照经费预算开支,课题结项前将进行经费使用审核。

附件:安徽省教育科学规划2014年度三项改革专项立项课题目录

安徽省教育厅

2014年10月31日

附件：

安徽省教育科学规划 2014 年度三项改革专项立项课题目录

编号	课题名称	主持人	协同申报(委托)单位	资助(万元)
JGZXA 201401	促进安徽省义务教育均衡发展的政策研究	吴海升 周红雁	安徽省社会科学院 安徽省图书馆	3
JGZXA 201402	基础教育阶段艺术教育均衡发展研究	孟宝跃 朱 鹏	淮北师范大学 淮北市相山区第一中学	3
JGZXB 201403	农村基础教育信息资源的有效利用研究	夏 红 杨 栎	合肥师范学院 安徽大学	1.5
JGZXB 201404	家校协同教育实现全脑平衡为中小学生提升学习效能	徐文转 丁一帆	安徽省博邦家教协同教育研究发展中心 上海慧明国际学院	1.5
JGZXB 201405	发达国家教育基本公共服务的制度和政策的分析及案例初探——以澳大利亚、英国为例	滕 骁 祝永宏	合肥师范学院 繁昌县田家炳中学	1.5
JGZXB 201406	在线课堂在基础教育均衡发展中的实践应用研究	程科文 伍 杨	南陵县籍山镇中心小学 南陵县籍山镇第一完小	1
JGZXB 201407	促进义务教育均衡发展的城乡教师学习共同体的构建与运行研究	尹小敏 叶传平	合肥师范学院 合肥市南园学校	1
JGZXA 201408	农民工子女学校融合教育研究	周兴国 黄晓霞	安徽师范大学 芜湖市东风小学	3
JGZXB 201409	农民工子女教育的社会援助效果:理论与实证研究	胡 联 陈荣荣	安徽财经大学 蚌埠市回民小学	1.5
JGZXB 201410	留守儿童的情感心理发展特点及教育对策研究	陈付丽 汪海彬	滁州市第二中学 黄山学院	1.5

续表

编号	课题名称	主持人	协同申报(委托)单位	资助(万元)
JGZXB 201411	基于农村留守儿童心理需要的学校关爱模式研究	程玉梅 程 炎	桐城师范高等专科学校 桐城市孔城镇光明小学	1.5
JGZXB 201412	留守儿童之家的环境建设研究	吴道义 王 宝	合肥师范学院 霍邱县岔路中心学校	1.5
JGZXB 201413	安徽省农村留守儿童之家发展现状及长效机制研究	宋志英 程三五	安庆师范学院 安庆市宜秀区五横乡中心学校	1
JGZXB 201414	"留守寄宿学生"心理健康教育研究	余道庆 刘博兴	阜阳市颍州区清河办事处中心学校 颍州区龙腾希望小学	1
JGZXB 201415	安徽省留守儿童的心理发展特点研究	谢威士 代树峰	合肥师范学院 利辛县第一中学	1
JGZXB 201416	农村留守儿童寄宿制学校学生管理教育研究	许成好 黄 晨	定远县张桥镇中心学校 合肥工业大学	1
JGZXA 201417	普通高中教育质量监控体系的构建研究	汤 兵 李 纯	南陵中学 南陵县教研室	3
JGZXA 201418	基于学生发展的"目标、情境、问题、活动"高质量化学课堂教学模式研究	汪 峰 黄子超	淮北市教育局教研室 濉溪县二中	3
JGZXA 201419	"翻转课堂"教学模式在中学理科教学中的实践研究	王从戎 王 林	合肥师范学院 合肥实验学校(滨湖校区)	3
JGZXA 201420	初中英语有效课堂教学模式研究	张雪迟 秦 俭	合肥师范学院 灵璧县教师进修学校	3
JGZXB 201421	安徽省青少年学生体质健康促进研究	吴本连 郑继强	安徽师范大学 安徽师范大学附属中学	1.5
JGZXB 201422	"翻转课堂"运用于高中语文教学的案例研究	孙家来 何小幼	庐江中学 庐江县教育局教研室	1.5

续表

编号	课题名称	主持人	协同申报（委托）单位	资助（万元）
JGZXB 201423	农村初中留守儿童学校教育与家庭教育协调配合的策略研究	陶芳信 王中林	枞阳县仪山初级中学 枞阳县教育局教研室	1.5
JGZXB 201424	中学英语"翻转课堂"教学模式研究	曹 军 曾广华	合肥师范学院 合肥工业大学附中	1.5
JGZXB 201425	在小学生中开展经典古诗文诵读的方法与策略	钱梅娟 朱莉萍	合肥市香樟雅苑小学 合肥市西园新村小学	1.5
JGZXB 201426	"先学后导，展示训练"高效课堂教学模式研究——以淮北市濉溪县任集中心校为例	潘国好 陶恒彦	淮北师范大学 濉溪县任集中心学校	1
JGZXB 201427	普通高中学生课业负担的调查研究	郭振海 张 嘎	宿州市祁县中学 宿州二中	1
JGZXB 201428	大班额条件下的因材施教研究——基于学案导学教学模式的视角	范小虎 李良泉	阜阳师范学院 阜阳一中	1
JGZXB 201429	合肥市中学生身体素质年度变化特征及对策研究	汪 辉 项宏宇	合肥师范学院 合肥市第三中学	1
JGZXB 201430	农村初中乡土地理课程资源的开发和利用研究	徐英宏 何陆祎	潜山县天柱山镇中心学校 安庆市教育教学研究室	1
JGZXC 201431	农民工子女占多数的高中课堂教学模式的研究	吴中枞 张斗和	怀宁县皖江高中 怀宁县教育局教研室	自筹
JGZXC 201432	借助"班班通"提升农村教师课堂教学水平研究	钱 来 马家松	枞阳县汤沟中心学校 省教育厅基础教育处	自筹
JGZXC 201433	农村薄弱学校构建高效课堂教学模式的实践研究	陈宏友 吴在德	合肥师范学院 淮南第二十八中学	自筹
JGZXC 201434	农民工子女心理健康服务需求评估研究	余益兵 晋 玉	闽南师范大学 合肥师范学院	自筹

续表

编号	课题名称	主持人	协同申报(委托)单位	资助(万元)
JGZXC 201435	教育均衡视野下的城乡教师流动机制研究	胡海燕 张 艳	合肥市肥东县马湖乡中心校 安徽水利水电职业技术学院	自筹
JGZXC 201436	基础教育区域内涵均衡化发展研究	王 瑜 孙 超	利辛实验小学 利辛县教育局教研室	自筹
JGZXC 201437	小学课外活动体系构建研究——以安徽民歌进六安路小学为例	李劲松 黄 琴	合肥师范学院 合肥市六安路小学	自筹
JGZXD 201438	促进义务教育均衡发展的教师流动机制研究	殷世东 陈雪梅	合肥师范学院教师教育研究中心 合肥市包河区教育局	4
JGZXD 201439	留守儿童心理发展特点与关爱模式研究	方双虎 夏胜先	安徽师范大学心理咨询研究所 淮南市教师进修学校	4
JGZXD 201440	台湾基础教育研究	钱立青 张国保	合肥师范学院基础教育改革与发展协同创新中心 台湾铭传大学教育研究所	4
JGZXD 201441	大数据下安徽中小学生体质健康促进机制研究	宋 旭 瞿福焕	合肥师范学院体育科学学院 合肥市教育教学研究室	4

领导讲话

程艺同志在全省基础教育三项改革试点暨义务教育均衡发展督导评估工作会议上的讲话

同志们：

这次工作会议主要任务是动员部署基础教育三项改革，强力推进县域内义务教育均衡发展。刚才部分县区交流了工作情况，金燕副厅长做了很好的讲话，各地要认真贯落执行。下面我强调三点意见：

一、深刻认识基础教育三项改革的目的和意义，进一步加快全省基础教育发展的步伐

改革开放三十年来，我省基础教育特别是义务教育迈开了三大步，即全面普及九年义务教育，基本解决了有学上的问题；全面实施免费义务教育，着力解决了能上学的问题；全面推进义务教育均衡发展，促进解决上好学的问题。总结三十年来基础教育发展的经验，十分重要的一条就是及时抓住机遇，鼎新革故，求变图强。三十年来，每迈开一步，都是深化改革的结果，都需要极大的改革勇气和睿智的改革措施，实践表明：坚持改革，基础教育事业就充满活力和动力，就能够发展和前进；不推进改革，基础教育就固步自封，死气沉沉，没有前途。基础教育的希望在于改革，基础教育的出路也在于改革。不在改革中发展，就必然在保守中停滞。站在新的历史起点上，必须进一步弘扬敢为人先的创新精神，解放思想，锐意改革，坚决破除一切妨碍基础教育发展的思想牢笼和体制机制弊端。就当前来讲，进一步深化改革、加快发展，就是要不失时机地推进基础教育的三项改革。

首先，推进三项改革是贯彻落实《纲要》的重要举措。

2011年，省委、省政府制定公布了《安徽省中长期教育改革和发展规划纲要(2010—2020年)》,明确了我省今后十年教育体制改革和发展的目标任务、保障措施。《纲要》提出到2020年全面普及15年基础教育,全面实施素质教育,全面提高教育质量,实现由教育大省向强省的跨越,实现由人力资源大省向人力资源强省的跨越。

实现这些目标和任务,需要全省上下作出艰巨的努力。在《纲要》颁布时,省委、省政府要求各级党委、政府切实加强组织领导,统筹协调,细化措施,严格督查考核,落实各项改革任务。为此,我厅紧紧抓住被国务院列为省级政府教育统筹综合改革试点省的机遇,制定了省级政府教育统筹综合改革和8个专项改革试点方案,在试点方案中,基础教育三项改革目标明确,内容丰富,措施具体,细化了《纲要》确立的改革任务,经省政府同意公布执行。因此,精心组织实施好这三项改革,必将有效地贯彻落实好《纲要》。

其次,推进三项改革是深入促进教育公平的迫切需要。

近年来,我省加大资金投入,实施民生工程,统筹城乡义务教育发展,较大地促进了教育公平。但是在总体上,我省教育公平还需要进一步加大工作力度。从地区之间看,皖北地区、大别山区、十二个集中连片贫困县的教育基础仍然很脆弱,发展水平比较滞后;从城乡之间看,我省广大农村地区无论是学前教育、高中教育,还是义务教育,与城市相比,发展的差距都很大;从学校之间看,存在相当多的薄弱学校,办学条件、师资队伍、管理水平和教学质量亟待加强。教育不公平,有经济发展不够、教育投入不足、资源总量缺乏等客观原因,但更有资源配置不合理、政策导向不科学等主观原因。如何解决这些问题,尤其是如何解决人为因素导致不公平的问题?只有坚定不移地推进义务教育均衡发展,使教育资源在地区之间、学校之间和人群之间合理分配,才能逐渐消除就学条件、就学机会不平等待遇,保障每一个学生平等接受教育的权利,从而促进教育公平。

基础教育三项改革实施方案,明确规定了我省推进义务教育均衡发展的目标任务、时间步骤和改革措施,为促进教育公平提供了有力的政策保障。只要我们持之以恒地推进这三项改革,就必将深入促进我省教育公平。

第三,推进三项改革是解决基础教育矛盾的现实选择。

当前,我省基础教育正处在快速发展的时期,总体形势不错。但我们也要清醒地看到,还面临着不少困难与问题:一是教育的公益性问题,公益性原则与市场经济法则处于博弈状态,基础教育公共服务体系尚未建立,有的地方义务教育的政府职责没到位;二是教育的公平性问题,正如上面所说的,我省不同地区、不同学校教育发展水平差异很大,农村教育问题颇多,均衡发展任重道远;三是教育的规范性问题,依法办学的意识淡薄,违背教育规律、违背政策法规的事情时有发生,更为严重的是,对类似乱补课、乱办班、乱招生、乱收费等行为,看作理所当然的事情,到了麻木不仁的地步;四是教育的创新性问题,教育观念依然陈旧,教育模式和教育方法单一,不能适应经济与社会发展对创新型人才的需求。这些问题如不及时得到处理,基础教育质量就难以提升,人民群众对教育的满意度也难以提高。

如何解决上述问题?出路只有改革,通过改革,改变落后的工作模式与思维方式,革新不适应教育发展的体制机制,在义务教育均衡发展、农民工子女就学、减轻学生课业负担等方面解决上述矛盾与问题,使基础教育更加符合时代发展潮流,更加符合科学发展的需要,更加符合人民群众的殷切期盼,实现健康持续发展。

第四,推进三项改革是全面实施素质教育的必然要求。

胡锦涛总书记指出:"全面实施素质教育,核心是要解决好培养什么人,怎样培养人的重大问题,这应该成为教育工作的主题。"现在,培养什么人的问题已经明确,就是教育方针中规定的,培养德智体美全面发展的社会主义事业的建设者和接班人。但是怎样培养人,还存在着种种模糊的认识和片面的做法,需要我们积极探索,深化基础教育三项改革,树立正确的人才观、质量观。一是通过改革,促进义务教育均衡发展,均衡配置办学条件、师资队伍等教育资源,为学生全面发展提供公平的条件和机会,也只有这样,才能实现素质教育的目标。二是通过改革,促进农民工子女平等就学。切实解决好农村留守儿童、进城农民工随迁子女的教育问题,是推进教育公平的基本要求。农民工子女得不到平等的教育,就谈不上义务教育均衡发展,更谈不上面向全体学生。三是通过改革,规范中小学办学行为、减轻学生课业负担,为全面贯彻教育方针提供良好的环境和机制。规范办学行为、减轻学生课业负担,从本质上讲就是保证中小学有良好的教育秩序,科学地提高教学质量;反之,如果教学行为、招生行为、教师行为、收费行为不规范,乱补课、乱收费,就谈不上实施素质教育,更谈不上培养合格人才。

二、准确把握三项改革与义务教育均衡发展的关系,强化政府职责,实施好义务教育均衡发展督导评估

省委提出:"要大力推进基本公共服务均等化,提高公共产品与公共服务保障水平,推动公共资源向农村倾斜、向贫困地区倾斜,逐步缩小城乡之间、区域之间基本公共服务差距。"《安徽省中长期教育改革和发展规划纲要(2010—2020年)》指出:"义务教育是教育工作的重中之重,均衡发展是义务教育的战略性任务。"三项改革是一个整体,贯穿始终的主线是推进义务教育均衡发展,各级政府及其有关部门要切实提高对义务教育均衡发展的认识,转变观念,抓住这个核心和关键,深入推进各项改革。

义务教育均衡发展作为"两基"的后续工程,既是新时期提高义务教育总体水平的更高要求,也是贯穿基础教育三项改革的重要内容。国家和省规划纲要都已明确均衡发展是义务教育的战略性任务。推进义务教育均衡发展已成为当前教育工作的"重中之重"。省政府和教育部签订了县域义务教育均衡发展备忘录,作出了庄严承诺,我们常说"军中无戏言,一诺值千金",按期兑现承诺,是县级以上各级政府义不容辞的一项重要责任,这项任务的完成必然带来义务教育质量和办学水平的全面提升。从这个意义上讲,改革是动力,发展是目的。以改革求发展,只有通过改革,才能为发展注入勃勃生机和活力。可以说,推进三项改革与实现义务教育均衡发展是相辅相成、互相促进的关系。当前要把推进义务教育均衡发展,迎接县域义务教育均衡发展督导评估作为一项重要任务抓在手中,落在实处。当务之急就是要明确县域内义务教育均衡状况,制定义务教育均衡发展目标,完善接受义务教育督导评估的具体措施。具体讲有三项工作必须做到位:

首先,要强力推进义务教育学校标准化建设,使县域内义务教育学校分期分批达到省颁标准,这是义务教育均衡发展的主要标志,教育部将此作为县级单位申报实现义务教育均衡县的"门槛",凡达不到标准的将不得申报。

其次,要制定倾斜政策,在补齐短板、缩小差距上下功夫。教育部分别就义务教育均衡发展评估指标和校级间均衡状况作为明确规定,共有八个方面指标,各地要据此作差异次数的测算,摸清底数,找准自己所处的位置,发现存在的问题,采取有效措施加以解决。

第三,关注和对待群众关心的热点问题。如择校问题、大班额问题和师资失衡配置问题。教育部把群众对义务教育均衡发展的满意度作为实现义务教育均衡发展的重要参考,群众不满意或满意率低,也会影响到义务教育均衡发展的顺利推进,影响到义务教育均衡发展督导评估的结果。

做好以上工作,关键是要强化县级政府责任。落实政府职责是喊在嘴上还是体现在行动上,这是衡量一个地方党委政府领导决策能力、执行能力的"试金石",如果只是注重制定目标、出台文件,没有实际举措,必然是目标动听,但只是空中楼阁,无法兑现。重视义务教育均衡发展是县级政府的重要责任,这个责任首先体现在加大教育投入上,如果没有一定量的教育投入,实现义务教育均衡发展就无从谈起。

从总体上看,无论是资源优化配置,还是教师的合理有序流动,城乡统筹的推进都离不开县级政府的推动。县级政府是推进义务教育均衡发展的责任主体和核心动力。因此,县级党委和政府要以义务教育均衡发展督导评估为契机,进一步强化政府责任,真正做到义务教育均衡发展按规划有序推进,把义务教育均衡发展、推进三项改革与提高办学水平、办学质量统一起来,务必求实效,防止走过场。

三、紧紧抓住关键环节和重点,扎扎实实地组织实施,推进基础教育三项改革

基础教育三项改革方案是我省今后一个时期推进基础教育发展的纲领性文件,各地要紧紧抓住关键环节,建立健全实施机制,确保各项改革任务落到实处。

首先,要坚持义务教育均衡发展的"三个不动摇",增强推进基础教育三项改革的责任感、自觉性。

一是坚持义务教育均衡发展与提高教育教学质量并行不悖的理念不动摇。有人担心,义务教育均衡发展,是搞平均主义,将会影响教育效率和质量。这种认识存在很大的误区,义务教育是国家的行为,是人人都应该享受的公平教育,而不是只针对少数人的精英教育。如果只注意办好少数学校,只是面向极少数人,就违背了义务教育的本质。事实证明,实施义务教育均衡发展,是在更大范围内、更高层次上提高教育教学质量,不仅体现出教育的公平性、而且能够培养出更多的优秀人才,必须坚定坚持,毫不动摇。

二是坚持经济条件差的地方也可以推进义务教育均衡发展的理念不动摇。经济条件与均衡发展之间的关系是辩证的,经济条件好的地方,义务教育不一定均衡发展,反之,经济条件差的地方仍然可以实现教育均衡发展。有些同志认为,只要经济发展了,义务教育就自然而然地实现了均衡发展了。这种认识是形而上学的。从全国分省区教育均衡发展的评测结果来看,地区经济发展水平与教育发展两者之间并非简单的同步关系。一些经济发展水平高的地区,教育均衡程度却低于全国平均值。我省也是如此,一些经济条件较好的地区,有的还是所谓的经济百强县,公办义务教育资源严重缺乏,大班额现象突出,学校之间差距很大。因此,无论一个地区经济发展得如何,推进义务教育均衡发展的职责不得丢失;一个地区在任何经济发展水平上,都能够而且完全可以实现义务教育均衡发展。

三是坚持义务教育均衡发展不只是一种思想理念、更是现实行动的信念不动摇。义务教育均衡发展是促进社会公平的必然要求,是推动教育发展的现实选择,现在已经上升到法律规范,作为教育制度确定下来。党的十七大提出"促进义务教育均衡发展",新修订的《义务教育法》以法律形式明确了义务教育均衡发展。教育部提出"努力实现义务教育2012年区域内初步均衡、2020年区域内基本均衡"。这些规定要求把促进义务教育均衡发展写进了党的文献、国家的法律,上升为国家意志,成为国家教育发展的战略方针,作为各级政府必须实施的具体行动。多年来,我省持之以恒地推进义务教育均衡发展,一些方面在全国率先突破,取得了看得见、摸得着的行动效果。实践表明,只要我们坚定信心,加快行动,就一定能够将义务教育均衡发展的理念变为现实。

其次,加强政府统筹,明确职责,形成合力,共同推进基础教育改革和义务教育均衡发展。

各级政府要强化教育改革的责任,将义务教育均衡发展等三项改革纳入到社会经济总体改革中,摆上重要的议事日程,作为全面协调可持续发展的重要内容和措施,放在突出的战略地位予以支持,切实做到"三优先":一是制定规划优先,在经济社会发展规划中确立基础教育优先发展的战略定位,把基础教育改革作为重点领域;二是教育投入优先,财政预算和重大投入项目优先考虑基础教育事业发展,财政性转移支付优先安排基础教育投入;三是资源配置优先,公共资源优先满足基础教育发展和促进教育公平需要。

各级政府要加强对本地区基础教育改革统筹协调,明确教育、财政、发改、人事、建设等部门工作职责。推进基础教育改革,实行分级管理、分级负责。省负责对全省基础教育改革进行统筹指导和整体规划,部署各项改革试点和实验项目。各市政府负责统筹推进本区域内的基础教育改革,对县级政府基础教育改革进行指导、监督和考核。县级政府对推进基础教育改革负主要责任,统筹教育资源配置,落实各项改革措施,提升基础教育发展水平。

推进基础教育改革,必须加大经费投入。县级政府要加强统筹协调,努力予以保障。近年来,国家、省市加大了对基础教育的投入,安排了一系列的项目,实施了相关的民生工程,各地一定要管好、用好这些经费,充分发挥资金的使用效益。去年,省政府制定了《关于进一步加大财政教育投入的实施意见》,明确全省教育投入目标,分年细化财政教育支出占财政支出的比重目标,并向各县(市、区)下达了新增教育投入的额度。各市、县政府一定要认真贯彻落实,依法执行,用足这一教育经费。但从目前掌握的情况看,各地应该用于教育的经费落实情况不够理想,有的不知道这项经费投入政策,有的没有全部用于教育,例如一些县区对学前教育资金安排数量很少;有的用于抵偿补欠经费,搞"空转",有的安排结构不合理,甚至用于建设豪华学校,锦上添花,形象工程。这种状况必须尽快改变。

第三,创新制度,完善措施,重点突破,改革基础教育发展的体制机制。

一是改革基础教育管理体制。当前,一些地方基础教育管理职责不清、关系不顺、执行不畅、监管不力。看得到的管不到,管得到的看不到。必须在管理体制上改革创新,理顺省、市、县、区、乡镇各级政府管理教育的关系。要进一步完善以县为主的管理体制,积极建立完善乡镇学校学区委员会管理制度,解决县里管不到、管理不统一、中心学校职责不清、管理不到位的问题。

二是改革基础教育办学体制。要处理好政府办学和鼓励社会办学的关系。坚持教育的公益性,落实政府发展基础教育职责。义务教育阶段以政府办学为主。同时,通过政府购买服务等方式,支持非义务教育阶段民办教育发展,建立公建民办、民办公助、建管分离、管办分离的办学模式,开展营利性和非营利性民办教育分类管理的探索。要进一步加强管理,规范民办教育发展。

三是改革中小学校管理体制。管理缺乏活力是目前中小学存在的突出问题。一些地方校长能上不能下、教师能进不能出、干多干少一个样,局长管不到校长,校长管不到教师,这些都极大地阻碍了基础教育的健康发展。要重点深化中小学人事管理制度改革,改进中小学校长选任办法,提高校长的专业化水平。实行中小学校长资格准入制度、任期制度、聘任制度和考核制度,逐步推行校长职级制。要创新中小学教师管理方式,以县(市、区)为单位实行学校人员编制总量控制、统筹安排、动态调整。试行"定编、定岗、不定人"的管理模式,在人事编制部门核定的教师编制和财政足额保障供给的基础上,建立新补充教师聘用合同管理制度。

第四,改进方法,完善制度,建立形成基础教育改革和义务教育均衡发展的长效机制。

一是建立义务教育均衡发展监测和评估验收机制。以县为单位,加强对县域内义务教育校际间发展差距的监测,及时纠正区域内教育资源配置不当或学校差距过大的现象。重点量化监测各地县域中小学办学水平、教育管理和质量的差异性,综合考核各市、县政府推进义务教育均衡发展的工作情况,以及人民群众对均衡发展的满意度。建立区域义务教育均衡发展状况主要指标发布制度,由省政府教育督导机构定期向社会公布。县域义务教育均衡发展考核结果与市、县政府及其主要负责人的教育工作考核、教育强省考核挂钩。经省政府教育督导机构评估达到义务教育均衡发展要求的县,由省政府批准认定后上报教育部审核认定。

二是建立基础教育改革工作督查和问责机制。现在学前教育和义务教育标准化建设、义务教育均衡发展都建立了相应的管理和考核办法、督查通报制度。基础教育督导建立了系列评估考核办法。各地要按照这些办法和制度,对基础教育改革推进情况进行监督检查。各市、县政府主要负责人对本区推进情况进行监督检查。各市、县政府主要负责人是本区域内推进基础教育改革工作的主要责任人,分管负责人是直接负责人,各市、县区域内在推进基础教育改革进程中出现严重问题的,要及时问责,及时纠正。

三是建立基础教育改革试点推进机制。近期,我厅在基础教育的经费投入、队伍建设等方面确立了多项改革试点项目。这些试点改革项目的内容涉及基础教育改革的重点领域和关键环节,是落实基础教育三项改革任务的实实在在措施。各地要切实予以重视,结合当地实际情况,制定具体的实施方案和工作步骤,先行先试,积极探索,勇于创新,突破体制机制的限制。我厅将加强对试点工作的组织领导,检查各地试点的进展情况,交流和推广试点实验的成果,对积极实施改革试点的地区和单位给予支持。

第五,切实加强宣传舆论工作,为推进基础教育各项改革工作提供良好的支撑。

要充分利用报刊、广播电视、网络等媒体,大力宣传基础教育改革工作的重要意义和先进典型,引导全社会关心和支持基础教育改革工作,形成共同推进基础教育改革的良好舆论环境。要注意改建宣传舆论的方式方法,牢牢把握基础教育宣传舆论的重点和导向,处理好宣传舆论的广度、深度、速度、力度关系,提高宣传的实际效果。

同志们,邓小平指出:"不改革开放就是死路一条。"改革是促进基础教育发展的必由之路和强大动力。推进改革,提高基础教育质量是时代赋予我们的重大任务。我们一定要以对党对人民群众高度负责的态度,以"天变不足畏,祖宗不足法,人言不足恤"的精神,不僵化,不教条,不守旧,善于分析新形势,乐于接受新事物,敢于直面新挑战,扎实工作,开拓进取,为建设经济繁荣、社会和谐、人民幸福的美好安徽作出应有的贡献,以优异的成绩迎接党的十八大胜利召开!

金燕同志在全省基础教育三项改革试点暨义务教育均衡发展督导评估工作会议上的讲话

同志们：

我省基础教育三项改革（试点）实施方案（即《安徽省推进县域义务教育均衡发展改革实施方案》、《安徽省完善农民工子女教育体制机制改革实施方案》和《安徽省规范办学行为减轻学生课业负担改革实施方案》），已经省政府同意以安徽省教育改革和发展规划纲要领导小组名义印发全省。今天，我们在这里召开全省基础教育三项改革（试点）暨义务教育均衡发展评估工作会议，主要目的就是贯彻落实三项改革文件精神，部署下一阶段改革工作，促进基础教育科学发展。省委教育工委和省教育厅对这次会议高度重视，程艺厅长会上将对全省深入推进三项改革试点工作进行重要部署，下面，我重点就学习贯彻基础教育三项改革文件精神和即将开展的县域义务教育基本均衡达标验收讲几点意见。

一、充分肯定三项改革已有的成绩，进一步坚定改革的信心

在省委、省政府的正确领导下，我省三项改革起步较早，全省上下始终将义务教育均衡发展、农民工子女接受教育和学生减负问题当作新时期教育改革发展的重点工作，不断强化措施加以推进，取得了初步成效。

（一）重视程度不断提高。省委、省政府紧紧围绕党中央国务院的决策部署，贯彻《义务教育法》等法律要求，2009年以来，先后印发实施了《关于深入推进义务教育均衡发展的意见》、《安徽省中长期教育改革和发展规划纲要（2010—2020年）》、《关于做好关爱农村留守儿童工作的意见》和《关于进一步加强中小学管理规范办学行为的意见》等政策、文件。省人大通过了《安徽省实施〈义务教育法〉办法》。这些对推进义务教育均衡发展、农民工子女公平教育、规范办学行为减轻学生负担均提出了明确的要求和部署。2011年3月,省政府与教育部签署关于推进县域义务教育均衡发展的备忘录。明确我省到2020年全面完成县域内义务教育均衡发展的目标任务。与此同时,围绕三项改革,建立了相关工作统筹协调机制和工作制度,使改革的目标得到更广泛认同,各项措施得到各方面支持,形成共同推进改革深入的良好环境。

(二)保障措施更加有力。突出表现在:一是实施城乡义务教育经费保障机制改革,为巩固双基达标,提高义务教育办学整体水平提供了有效保障。2007年以来全省共投入义务教育保障经费303.75亿元,中小学生均公用经费标准逐步提高,目前已超过了国家制定的中西部地区农村义务教育学校人均公用经费的基准定额。作为一项长效机制的建立,彻底改变了学生上学缴费、教师工作拖欠、学校运转困难的局面。二是民生工程项目不断增加,推进了农村教育事业发展,为促进均衡发挥了重要作用。2009年以来,全省投入209亿元资金,先后实施了校安工程、留守儿童之家、学前教育和已经纳入十二五民生工程规划的标准化建设等多项工程,这些工程的绝大部分资金体现了向困难地区、农村地区的倾斜。校安工程新建和改扩建2440万平方米,拆除D类危房225万平米,中小学三重项目全部达到抗震设防要求,同时为城乡中小学资源整合、促进布局调整、推进城镇化进程提供了重要条件。近三年,全省建成了303所寄宿制学校和1.4万个留守儿童之家;标准化建设投入41亿,截至今年底将有40%的学校实现班班通工程,学校配套图书新增3400万册,实验室建设、教学器材和仪器设备配值达15.16亿元,标准化覆盖率43.4%。三是教师资源配置注重了倾斜。2008年以来,共补充教师2万余人,10667名特岗教师全部充实到国家扶贫开发重点县的农村学校。全省调整薄弱学校校长2677名,选派到农村对口支教的教师达5600余人次,一些地区大胆探索,教师交流进入了常态化和制度化。四是各地党委政府为落实民生工程提供坚强的组织保障。一把手负总责,分管领导具体负责,教育和相关部门扎实工作的局部已经形成。

(三)特殊群体备受关注。一是农民工随迁子女入学得到保障。按照农民工子女入学零障碍的目标,全省先后制定并实施了进城务工及其他流动人员子女可在流入地参加中考并报考高中阶段学校的制度,以及电子"教育券"制度。取消户籍限制和"钱随人走"的两大制度的实施,充分体现了异地入学的机会均等和经费保障,使社会反映强烈的农民工子女入学权益问题得到较好的解决,流动人口子女接受义务教育的满意程度有很大提高。二是留守儿童关爱服务体系更加完善。"政府统筹、部门协作、学校主导、家庭配合、社会参与"的格局基本形成,参与留守儿童关爱服务的志愿者达22万人次,一批公民办的留守儿童学校建成并投入使用,定远县张桥小学已经成为公办留守儿童寄宿制学校的典范,一批像泾县王直助教中心、肥东阳光学校成为全国民办留守儿童学校的旗帜。全省安装的2.2万部留守儿童免费电话,沟通了留守儿童家校亲情联系;各级各类学校开展的丰富多彩的活动,为学生提供了温暖、幸福、健康成长的环境。三是特殊教育享受特殊政策。2008年以来,改扩建特殊教育学校67所;教师核编标准提高,师生比达到1:4,特殊教育学校(班)学生人均公用经费按照不低于普通学校学生人均公用经费标准的5倍拨付,特殊教育学校的办学和运转得到了很大的保障。

(四)难点问题逐步治理。本着"抓行业必须抓行风"的方针,近几年,我们围绕群众反映强烈的教育乱收费、乱招生、乱办班、乱补课、乱订教辅等五乱问题,先后出台了《中小学办学行为规范》和《中小学教辅材料使用管理实施意见》等文件,建立了规范办学义务监督员、办学行为暗访和通报等多项制度,实施综合治理,坚持做到了有章可循,有法必依,违规必究,使中小学办学行为在几方面得到进一步规范。城区"择校"得到较好遏制。全省通过严格学区划分、择校生控制指标考核、严格收费管理和招生程序等措施,有效引导中小学生源合理分布,化解生源过度向少数热点初中集中的问题。普高招生进一步规范。绝大部分地区同城借读、超计划招生得到不同程度的控制,"乱补课"和"大班额"问题局部地区有了明显好转,教辅资料征订的新措施出台,管理更加到位,学校教辅资料选用将更加有序。我省的规范办学行为不仅得到媒体的广泛赞誉,社会的认可度也在不断提高,在教育部2012年行风评议结果通报中,安徽省总分排全国第十位,依法规范办学行为工作得到满分,排在全国第一方阵。

当然,在充分肯定成绩的同时,站在新的历史起点上,我们要看到,这三项改革仅是一个开头,我们的工作离人民群众的期盼还有较大距离,尤其是三项改革要解决的是教育发展当中长期形成的一些深层次矛盾和问题,需要我们拿出更大的勇气和更加得力的改革措施加以解决,这也是我们必须全面深入推进三项改革的原因和动力之所在。

二、认真学习和领会全省基础教育三项改革(试点)内涵,并融会贯通在基础教育工作的实践当中

贯彻落实好安徽省教育发展规划纲要领导小组《推进安徽省县域义务教育均衡发展等三项改革实施方案的通知》精神,首先必须要抓好学习,做到三个明确:

一要明确《三项改革实施方案》出台背景。2009年,国务院在河北邯郸召开义务教育均衡发展现场会,会议要求将义务教育作为教育改革与发展的重中之重,把均衡发展作为义务教育的重中之重,把义务教育均衡发展作为国家推动教育发展的奠基工程和贯彻落实《义务教育法》的重要工程,进一步完善政策措施,加大工作力度,切实抓紧抓好抓出成效。2011年初,根据《国家中长期教育改革和发展规划纲要(2010－2020年)》精神,国务院下达10大教育改革试点142项改革任务,安徽省共承担9项改革试点任务。在这9项改革试点任务中,涉及基础教育的有3项,分别是推进义务教育均衡发展、完善农民工子女教育和规范中小学办学行为减轻学生过重的课业负担。对此,省教育厅高度重视,将实施基础教育三项改革试点作为促进我省基础教育发展的难得机遇。对改革试点方案的制订作出周密的部署:一是在制定全省中长期教育改革发展纲要时,对义务教育均衡发展、完善农民工子女教育体制机制改革、减轻学生课业负担等方面提出了具体的目标、思路和举措。二是广泛调研摸底,认真总结多年来各地的改革经验,确定改革的主要内容,形成初步文本。三是先后到承担此类改革项目的山东省、重庆市、深圳市考察学习,并吸收了江苏省、黑龙江省、上海市等省市的经验做法。四是集中民智,汇集民意,通过不同形式和方法,对方案进行多方论证和修改。可以说,三项改革试点方案是在充分总结多年来我省教育改革发展实践经验的基础上,针对教育改革和发展当中突出矛盾和问题,提出的一系列新要求。它是落实国家和省规划纲要的重要举措,是国家整体教育改革任务的组成部分。试点任务完成得如何,无论是对于全省教育事业发展还是对国家整体教育改革的推进都将会产生一定的影响。

二要明确指导思想、主要目标和责任主体。根据教育部要求,各省要按照全国2020年实现县域内义务教育均衡发展的目标,确立各省的时间表和路线图。结合我省经济基础和教育发展现实,我们着手制定了全省基本均衡和优质均衡的两个层次的实现目标,代表着我省均衡发展的最低水平和最好水平。同时,确定了至2012年、2015年、2020年全省各县区分阶段达标的时间表,即2015年以前全省有50%的县区县域内要达到基本均衡,至2015年,将有80%县区达到基本均衡,有20%县区达到优质均衡,至2020年,有80%县区实现基本均衡,40%县区达到优质均衡,该时间表也是各省与教育部签订备忘录的重点内容。围绕这一目标实现,我省提出坚持"政府主导、省市统筹、以县为主、区域推进"的原则,强调了各级政府在领导义务教育均衡发展中的责任和作用,明确了推进均衡发展的阶段性范畴。要求经过十年努力,基本做到"四无",即全省义务教育学校班额无超标,同城市区义务教育公办学校无择校,县域内学校办学条件无差别,城市流动人口子女就学无障碍,城乡和地区教育差距明显缩小。这四方面是当前社会反映强烈的突出问题,是教育发展均衡与否的重要标志。

农民工子女就学,反映的是随迁子女和留守儿童两类学生的受教育问题,是城镇化推进过程中人口流动带来的新的社会问题,反映了社会对教育公平的一种诉求。多年来,尽管我们采取了很多措施,但是,由于认识、观念和多重主客观因素的影响,造成农民工子女接受教育仍有一些制度、政策或是人为因素的障碍,留守儿童受教育过程中仍存在家庭监管不够、服务于留守儿童的公共资源有限、社会关爱不足的多重问题,这些问题的呈现,有教育自身问题,但更多的是社会各方面的齐抓共管问题。因此,《完善农民工子女就学体制机制改革方案》提出坚持政府统筹协调,加强各级财政投入,引导社会力量参与，学校、家庭、社会相配合，校内教育与校外教育相结合，经过努力，构建两大目标体系，即进城务工农民随迁子女就学零障碍体系和农村留守儿童健康成长关爱服务体系，确保农民工子女都能平等享有义务教育的权利，深入推进教育公平。

学生过重的课业负担是教育的老生常谈、久治不愈的沉重话题，多年来大家对造成课业负担的原因莫衷一是，但在治理课业负担，必须转变观念、多管齐下、综合治理的认识是一致的。因此，改革方案提出了以促进学生全面健康发展为核心，以政府统筹、全省联动、整体推进为原则，以依法规范、行政推进为手段，以深化教改、提质增效为基本途径，以建章立制、齐抓共管为保障，切实减轻学生课业负担的指导思想。分别明确了到2015年、2020年减轻学生课业负担的工作目标任务，围绕工作目标，提出了减负的"八个规范"，即课程开设、作息制度、作业布置、考试行为、学生用书、办班行为、教师行为、社会行为等八大规范。

三要把握改革的核心内容。三项改革要解决的是教育改革发展当中群众反映强烈的一系列热点难点问题，关系到教育观念、教育体制、机制和制度的各个层面，方案重点强调了要突出两项体制改革、两大机制建立和加强四项建设。

实施两项体制改革：

一是推进义务教育管理体制改革，明确各级政府管理义务教育的职责，理顺各方面关系，避免因多头管理和交叉管理造成教育资源投入不均、办学标准不一、管理不顺等问题。首先，在城市，要建立义务教育市级统筹、区级管理的管理体制，设区的市承担统筹领导和宏观管理职责，区政府实施统一办学，统一管理。暂不具备条件的市，可采取市、区政府分级办学，分段管理，初中和小学的管办职责分别由市、区政府分担，但同学段教育应避免交叉管理；高等学校和企事业单位举办的义务教育学校，其招生教学等业务按照相应层级学校的管理体制，由市或区级教育行政部门统一管理。其次，在农村，在完善以县为主的管理体制下，各县以中心学校为依托设立学区，实行学区管理委员会制度，管理委员会由学区内的学校共同组成，学区内学校的师资、经费、教育教学等重大事项,通过管理委员会实行民主决策、民主管理、民主监督。

二是推进教育内部管理体制改革。建立全省中小学校长资格准入制度,提高校长专业化水平。逐步取消校长的行政级别。校长在同一所学校任职满两届的原则上应予以交流。实施事业单位岗位设置管理制度和人员聘用制度,实现由固定用人向合同用人、由身份管理向岗位管理的转变。探索建立新补充教师"省考、县管、校用"的制度。逐步实行教师资格定期登记制度。

建立两大机制:

一是建立义务教育资源均等配置机制,这是实现义务教育均衡发展的关键所在,也是发达国家实行教育均衡的成功做法。其中包括建立教育公共财政投入稳定增长机制、建立规划统筹机制、制定资源统筹配置标准、实施教师定期交流制度、建立对困难地区和特殊群体的教育补偿等等,强调在解决教育投入不足的同时要高度重视投入不均的问题,解决当前我省基础教育普遍存在的优质学校大班额与普通学校资源过剩的矛盾,处理好优质教育资源扩大与薄弱学校建设的关系;同时解决好城镇化推进过程中出现的学校集约发展与学生上学远的矛盾,县镇教育资源严重不足和流动人口同城同待遇等新情况和新问题。

二是建立四项工作机制。包括政府统筹机制、监测评估验收机制、工作问责机制和改革试点推进机制。建立政府主导、部门联动、职责明确、相互支持的工作格局,形成监测有度、推进有方、监管有力、赏罚分明的工作体系。

加强四项建设:

即标准化建设、教育质量建设、信息化建设和行风建设。通过标准化建设使学校软硬件办学条件达到省定标准,这是均衡发展的重要前提;加强教育质量建设,整体提高城乡教育全面发展的水平;加强信息化建设,促进现代技术在教育教学和管理中的运用,在弥补农村优质教育资源不足,促进开足开齐课程方面发挥重要作用。加强行风建设,落实依法治教、依规办学,不断提高群众对教育的满意度。

在组织对三个改革试点方案的学习的同时,我们希望各地一定要在加强宣传和贯彻落实上下功夫。基础教育三项改革试点方案是我省基础教育事业改革发展一个新的里程碑,意义重大,影响深远。各级教育行政部门和中小学校要高度重视,把学习宣传、贯彻落实方案作为当前和今后一个时期的中心任务切实抓紧抓好。首先,要把思想和行动统一到改革方案的要求和部署上来。要着重学习宣传改革方案的目标任务、政策措施,使广大干部师生全面了解、普遍知晓。还要加大对社会的宣传力度,努力营造重视、关心、参与和支持教育改革发展的良好氛围。其次,要切实加强组织领导,统筹推进贯彻落实。各市县教育行政部门要把贯彻落实改革方案纳入重要议事日程,切实发挥好领导作用。要明确当前和今后一个时期贯彻落实的思路、重点任务和具体举措,把任务分解到各职能部门。各地教育行政部门要在深入调查研究基础上,在年底前出台切实可行、操作性强的配套文件和实施细则。第三,要积极有序开展教育体制改革试点。本着"规范动作不走样,自选动作重创新"的原则,今年3月,我们研究确立了10个省级改革试点项目,组织各地申报与认领。各地申报的积极性非常高,已经接到项目试点申请近200份。经过我们组织专家组对各地申报的项目进行评审,确定了第一批101个省级试点项目。希望各地以改革创新的精神认真谋划好这些试点任务。对于试点工作先进的地区,我们将及时形成政策措施,在全省推广,并给予资金和项目方面的扶持。同时,各地也可以结合本地教育改革实际情况,自立选题,申报项目。省将根据各地的申报情况确定第二批、第三批省级试点项目。

三、高度重视标准化建设验收和义务教育均衡发展评估督导工作,努力兑现省政府与教育部的庄严承诺

实施义务教育学校标准化建设是实现义务教育均衡发展的重要保障。2007年我省在全国率先制定《义务教育阶段学校办学基本标准(试行)》,取消了原有标准划分的"城市、县城、农村"三个类别,城乡义务教育阶段学校办学采用同一标准。2009年,省政府决定在全省启动义务教育阶段学校标准化建设工程,其主要内容是做好中小学场地、校舍、教育教学装备以及教师配备与建设,实现"师资配备合格,图书装备合格,校舍设施合格,学校管理合格"的目标。2010年国家决定实施农村义务教育薄弱学校改造计划,这项计

划的实施内容与我省义务教育学校标准化建设工程相近。对此,我们在认真分析研究的基础上,决定将这两项工作进行有机整合。通过几年的实施,各地教育主管部门认真规划,扎实推进,取得了明显成效。但是,仍然存在一些不容忽视的问题。一是部分县(市、区)执行义务教育学校标准化建设规划不够严肃,存在随意调整年度规划进度、项目学校和建设内容的问题。二是工作推进速度城乡不统一。2010年以前,国家和省里没有资金扶持的时候,城区进展速度总体上比农村地区快。但是,2010年以后,国家和省里对农村地区的80个县(市、区)给予资金支持以后,农村地区快速推进,不少地方的城区反而投入很少或者基本没有投入。三是部分县(市、区)配套资金不到位。根据国家和省对农村义务教育薄弱学校资金投入的要求,市、县区需要对下达的一部分资金进行配套,但是,通过我们的摸底调查,2010、2012年度,在全省80个项目县(市、区)之中,竟然有24个没有配套资金,有14个没有全额配套。

省教育厅《关于印发安徽省义务教育学校标准化建设验收办法及细则的通知》(皖教基〔2011〕24号)规定,义务教育学校标准化建设达标情况作为义务教育发展基本均衡县(市、区)省级评估认定的前置条件,凡参加义务教育发展基本均衡县(市、区)的评估,前提是必须完成标准化学校建设规划任务。因此,各地一定要把义务教育学校标准化建设当成头等大事。一要严格执行《安徽省义务教育阶段学校标准化建设规划进度(2010-2015)》,按照规划进度有序推进标准化学校建设。如因人口和区划变动,需要调整规划建设学校的,县(市、区)政府和教育局要及时给教育厅报告,以保证规划实施的可控性和严肃性。二要按照省教育厅义务教育学校标准化建设的《实施办法》和《验收办法及细则》要求,明确建设内容和重点,既要防止超过现实能力盲目追求过高标准,也要防止因工作努力不够,随意降低标准。要通过我们的工作使所有义务教育学校达到省规定的建设内容和标准要求,使儿童少年能够获得基本公平的教育条件。三要足额配套薄弱学校改造资金。有关项目县(市、区)应该认识到,实施农村义务教育薄弱学校标准化建设是一个机遇,对于提升本地义务教育学校办学条件,促进义务教育均衡发展具有极大的推动作用。前两年在国家没有资金支持的情况下我们都必须要做好这项工作,现在国家和省里有了资金支持,我们更要把这项工作做好。今后,对于没有配套资金或配套资金不足的地方,我们将在后续年度下达资金时核减额度。四要建立义务教育学校标准化建设责任制,县(市、区)要明确年度建设学校、每所学校的建设具体项目,落实项目资金,明确责任单位和人员,定期检查项目进展情况。今年全省要完成2314所学校的标准化建设任务,这已经写进了省政府年度工作报告。年底,省政府将对这项工作严格考核。各地要高度重视,如果因为某个地区没有完成而影响整体工作,这是我们的工作职责所不允许的,我想大家都有这样的责任意识,一定会自觉担当。因此请各地务必逐校检查建设进展情况,进一步细化工作安排,务必完成年初所确定的建设任务。

根据教育部《关于印发〈县域义务教育均衡发展督导评估暂行办法〉的通知》规定,从2012年起开展对全国均衡发展工作的督导评估,督导的范围就是2011年全国两会期间,省政府谢广祥副省长与教育部袁贵仁部长在北京签署的《关于推进县域义务教育均衡发展的备忘录》中所规定的,到2012年底我省需有50个县(市、区)通过均衡发展验收。今年需要达标验收的县(市、区)主要是我省前几年评估表彰的省级义务教育均衡发展先进县(市、区)和省级推进义务教育均衡发展实验区,以及部分经济条件较好的地方。我们感到,相对于其他地区而言,这些地区更应该早一步实现县域义务教育基本均衡发展。同时,在2012年义务教育薄弱学校标准化建设资金安排时,我们对列入2012年度验收的项目县区进行了倾斜。根据工作计划,今年首批接受省级评估、国家认定的17个县、区要赶在10月底前完成向国家教育督导团申请认定的各项工作,还有33个县(市、区)到今年底要完成县级自评、市级复查工作,做好迎接省级评估、国家认定准备。可以说,这项工作时间紧、任务重、要求高,有关市、县(区)要以高度的责任感和紧迫感,认真对待义务教育均衡发展督导评估工作,本次会议之后,要积极行动起来,倒排日程,抓紧开展县级自评、市级复查和整改提高工作,要按照有关文件要求,制定详细工作计划,全面启动义务教育均衡发展督导评估,确保顺利通过国家审核认定。当前主要要抓好以下几项工作:一是学懂吃透政策文件精神。县域义务教育基本均衡发展督导评估政策性和业务性较强。各市、县(区)要认真学习、研究教育部印发的《县域义务教育均衡发展督导评估暂行办法》和省政府办公厅印发的《关于印发安徽省县域义务教育均衡发展督导评估实施办法的通知》,深刻领会、学懂吃透指标体系内涵。要加强对相关人员的培训,明确均衡发展的标准、认定方法和操作程序。二是积极开展查缺补漏工作。要针对自查自评工作中发现的问题和不足,采取有效措施加以改善,确保省评估验收前各项重要指标达到国家规定的标准。三是严格落实工作责任制。各市、县(区)要成立相应的迎评工作机构,按照督导评估的具体要求,尽快制定迎检工作方案,将各项工作任务层层分解落实到具体人员。

省里将建立县域义务教育均衡发展督导评估制度,对各县(市、区)义务教育均衡发展督导评估达标情况实行"三个纳入":一是纳入对县(市、区)政府及其党政领导干部教育工作督导考核内容;二是纳入对教育强县考核评定的重要内容;三是纳入对市教育局年度主要工作目标管理考核指标体系。对未按规划完成任务,或在接受督导评估中有弄虚作假行为的,除在全省范围内通报批评外,当年县(市、区)党政领导干部教育工作督导考核不得评为优秀等次,不得申报教育强县,所在市教育局不得被评为主要工作目标管理考核综合奖。同时,省教育厅还将县域义务教育基本均衡督导评估的结果与项目安排挂钩,与经费支持挂钩,与评优评先挂钩,对作出突出贡献的单位和个人将给予表彰奖励。

同志们,基础教育体制改革是一项系统工程,必须统筹谋划、整体设计、协同推进;基础教育体制改革是一项重大的民生工程,必须通过扎实有效的工作,满足人民群众多样需求,给教育发展增添动力;县域义务教育基本均衡达标验收是省政府向教育部的承诺,责任重大,必须实现;县域义务教育基本均衡达标验收也是教育部门的职责所在,任务艰巨,使命光荣。我们坚信,在省委、省政府的正确领导下,在市、县区党委政府和社会各界的大力支持下,在教育系统师生员工的共同努力下,我们的改革目标一定能够实现,我们的达标验收一定会圆满,安徽基础教育的明天一定会更加美好!

工作参考

安徽省基础教育三项改革实施方案解读

2012年5月,经省政府同意,省教育改革和发展规划纲要领导小组印发了基础教育三项改革实施方案,即《安徽省推进县域义务教育均衡发展改革实施方案》、《安徽省完善农民工子女教育体制机制改革实施方案》、《安徽省规范办学行为减轻学生课业负担改革实施方案》。2012年7月,省教育厅召开了全省基础教育三项改革暨义务教育均衡发展督导评估会议,对推进基础教育改革进行了全面动员和部署。基础教育三项改革试点方案是我省基础教育事业改革发展一个新的里程碑,意义重大,影响深远。为帮助各级教育行政部门、中小学校和广大读者了解掌握方案的主要精神、基本内容,对方案进行如下解读。

一、基础教育三项改革实施方案制定公布有什么样的重要意义?制定公布三项改革方案的意义主要有两个方面

(一)推动解决当前基础教育面临的重点、难点、热点问题,促进基础教育健康快速科学发展。基础教育三项改革实施方案是我省今后十年基础教育改革与发展纲领性的文件,是在充分总结多年来我省教育改革发展实践经验的基础上,针对教育改革和发展当中突出矛盾和问题,提出的一系列新要求。当前,我省基础教育正处在快速发展的时期,总体形势不错,但我们也要清醒地看到,教育的公益性问题、公平性问题、规范性问题、创新性问题等依然还很突出。这些矛盾与困难,只有通过三项改革,改变落后的工作模式与思维方式,革新不适应教育发展的体制机制,才能逐步予以解决。各地要增强紧迫感,主动自觉地组织学习,积极采取措施切实贯彻落实。

(二)推动落实国家和省中长期改革与教育发展规划纲要,促进实现全面普及15年基础教育目标。2010年7月、2011年2月,国家和省相继制定公布了《中长期改革与教育发展规划纲要(2010－2020年)》,对未来十年我国、我省教育改革发展绘制了宏伟蓝图。基础教育三项改革实施方案是国家整体教育改革任务的组成部分,从基础教育层面对我省今后十年教育改革和发展的目标任务、保障措施,对全面实施素质教育,全面提高教育质量,进行了细化安排,严格考核,改革目标明确,内容丰富,措施具体,精心组织实施好这三项改革,必将有效地推动省级政府教育统筹综合改革,促进国家和省规划纲要的贯彻落实。三项改革试点任务完成的如何,无论是对于全省教育事业发展还是对国家整体教育改革的推进都将会产生一定的影响。各地要更加主动地、更加自觉地学习,一项一项地狠抓落实。

二、如何领会基础教育三项改革实施方案的内涵,把握好哪几个关键点

各地在学习领会基础教育三项改革实施方案内涵时,要把握三个关键点:

(一)要把握住基础教育三项改革实施方案制定公布的背景与深远影响。2009年,国务院在河北邯郸召开全国义务教育均衡发展工作会议,会议要求把义务教育作为教育改革与发展的重中之重,把均衡发展作为义务教育的重中之重。2011年初,国务院确定了教育十大改革试点领域142项改革任务,我省承担九项改革试点任务,其中基础教育三项。对此,省教育厅高度重视,在制定全省中长期教育改革发展纲要时,对义务教育均衡发展等方面提出了具体的目标、思路和举措,并在广泛调研摸底、总结多年经验、借鉴外省做法、多方论证修改的基础上,制定了这三项改革试点方案,意义深远,影响必将巨大。

(二)要把握住基础教育三项改革实施方案的指导思想、主要目标和责任主体。三项改革是整体,均衡发展是主线。根据教育部要求,我省确定了全省县域内义务教育基本均衡和优质均衡的两个层次目标,明确到2012年,全省50%的县实现县域内义务教育基本均衡,到2015年,全省80%的县实现县域内义务教育基本均衡,其中20%达到优质均衡,到2020年,全省所有县实现县域内义务教育基本均衡,其中40%实现优质均衡,力争经过十年的不懈努力,在全省义务教育基本做到"四无",即城乡学校班额无超标,同城区公办学校无择校,县域内学校办学条件无差别,城市流动人口子女就学无障碍。为实现这一目标,方案提出了坚持"政府主导、省市统筹、以县为主、区域推进"的原则,强调了各级政府在领导义务教育均衡发展中的责任和作用。同时,方案对农民工子女就学、规范办学行为、减轻中小学生过重的课业负担工作目标、责任主体也都做了明确规定。

(三)要把握住基础教育三项改革实施方案的核心内容与主要措施。基础教育三项改革解决的是教育改革发展当中群众反映强烈的一系列热点难点问题,涉及教育观念、管理体制、运行机制等层面。改革方案的核心内容概括起来可以表述为:改革两个体制、建立两大机制、实施四项建设。

两个体制改革是:改革义务教育管理体制,明确各级政府管理义务教育的职责,理顺各方面关系,保障教育资源合理配置;改革中小学校管理体制,实行中小学校长资格准入制度,提高校长专业化水平,激发学校办学活力。

两大机制建立是:建立义务教育资源均等配置机制,在解决教育投入不足问题的同时,重视解决投入不均的问题;建立义务教育均衡发展推进机制,包括政府统筹机制、监测评估验收机制、工作问责机制和改革试点推进机制。

四项建设实施是:实施中小学办学条件标准化建设,全面提升基础教育改革发展的保障水平;实施中小学教育教学质量建设,全面提升基础教育改革发展的内涵;实施基础教育信息化建设,全面提升中小学校的教育现代化层次;实施基础教育行风建设,全面提升人民群众对基础教育事业发展的满意度。

三、各地在学习领会基础教育三项改革实施方案内涵时,如何在宣传、落实上下功夫

各级教育行政部门和中小学在学习领会基础教育三项改革实施方案的内涵时,要注意在三个方面宣传落实:

(一)要把思想和行动统一到三项改革方案的要求和部署上来。要着重学习宣传改革方案的目标任务、政策措施,使广大干部师生全面了解、普遍知

晓。加大对社会的宣传力度,努力营造重视、关心、参与和支持教育改革发展的良好氛围。

(二)要切实加强组织领导,统筹推进贯彻落实,在工作中融会贯通。各市、县(区)教育行政部门要把贯彻落实改革方案纳入重要议事日程,切实发挥好领导作用。要明确当前和今后一个时期贯彻落实的思路、重点任务和具体举措,把任务分解到各职能部门。要在深入调查研究基础上,在年底前出台切实可行、操作性强的配套文件和实施细则。

(三)要积极开展基础教育三项改革项目试点,在全省掀起宣传、推进基础教育改革的热潮。近日,教育厅审定确定公布了首批12类30个省级基础教育体制改革试点项目,参加试点的市、县(区)教育局和学校达到102个。省将根据各地试点进展情况进行分析总结,给予必要的指导、扶持、奖励和授予称号。各参加改革试点的单位要结合学习宣传基础教育三项改革,制定好试点项目实施方案,认真组织改革试点。没有列入改革试点的地区和单位,要在学习宣传活动中积极申报第二批省级试点项目。

四、我省推进县域义务教育均衡发展改革的指导思想是什么

今后十年,我省推进义务教育均衡发展的指导思想是:深入贯彻科学发展观,将义务教育作为教育工作的重中之重,将均衡发展作为义务教育的战略性任务和实现基本公共教育服务均等化的重中之重,坚持"政府主导、省市统筹、以县为主、区域推进"原则,深化体制改革,推进制度创新,努力缩小义务教育的校际差距、城乡差距和区域差距,深入推进全省义务教育均衡发展,保障适龄儿童少年平等接受良好义务教育,切实提高人民群众对教育工作的满意度,促进教育公平与社会和谐。

五、我省推进县域义务教育均衡发展改革的目标任务有哪些方面

我省未来十年,推进义务教育均衡发展分两个层次实施,即基本均衡和优质均衡的两个层次,以县(含市、区,下同)为单位分步推进。基本均衡,指区域内义务教育学校标准化建设完成率达到30%,教学管理、质量达到国家

与省颁标准和要求,通过省级以上教育督导评估验收,教学点办学符合最低要求的地区。优质均衡,指区域内义务教育学校标准化建设完成率达到85%以上,现代教育教学设施设备达到普遍运用,教育管理、质量符合国家与省颁标准和要求,通过省级以上教育督导评估验收的地区。具体目标任务分为三个时间阶段:

(一)到2012年,全省50%的县实现县域内义务教育基本均衡。义务教育学校生均预算内事业费和生均公用经费标准不低于中部省份平均水平,初步形成全省义务教育投入均衡配置机制和补偿激励机制,建立校长和教师定期交流制度,标准化学校完成率达40%,70%的义务教育学校班额达到标准要求,市、县城区学校择校生控制在招生总额5%以内,完善保障农民工子女就学的长效机制,残疾儿童入学率达到85%以上。

(二)到2015年,全省80%的县实现县域内义务教育基本均衡,其中20%达到优质均衡。义务教育学校生均预算内事业费和生均公用经费标准进一步提高,全面实施教师和校长定期交流制度,教育资源均衡配置机制基本建立,义务教育学校标准化建设基本完成,全省义务教育学校班额达到标准要求,市、县城区学校择校生得到进一步控制,农民工子女义务教育得到全面保障,残疾儿童入学率达到90%以上。

(三)到2020年,全省所有县实现县域内义务教育基本均衡,其中40%实现优质均衡,现代化水平进一步提高。义务教育学校生均预算内事业费和生均公用经费标准达到或超过全国平均水平,义务教育学校布局合理,教育资源均衡配置机制进一步完善,学校办学条件、教师队伍配置均衡,管理水平、教育质量稳定提升,城乡、区域之间义务教育学校差距明显缩小,城乡一体化发展格局初步形成,覆盖城乡的义务教育公共服务体系基本建立。

六、如何建立资源均等配置机制,从资源分配上保障义务教育均衡发展

推进义务教育均衡发展的关键是均衡配置有限的教育资源,今后十年将从五个方面进行努力:

(一)建立教育公共财政投入稳定增长机制。按照财政资金优先保障教育投入、公共资源优先满足教育和人力资源开发需要的要求,确保实现法定"三个增长"。依法征收城市教育费附加、地方教育附加和从土地使用出让金中计提教育资金,并按规定比例用于改善义务教育办学条件。

(二)建立义务教育发展规划统筹协调机制。各级政府按照合理布局、均衡发展、适度超前、够用适用的原则,科学编制义务教育发展规划。统筹教育发展和经济发展,将教育发展规划纳入城市建设和新农村建设规划,解决城镇化加速推进带来的中心城市和县镇教育资源紧缺的矛盾,解决流动人口入学同城同待遇问题。统筹优质资源扩大和薄弱学校建设,认真解决优质学校"大班额"与普通学校生源匮乏的矛盾,科学谋划寄宿制学校发展规划,解决农村学校规模发展和学生特别是留守儿童上学远的矛盾。实行教育行政部门参与规划的前置审核制度,实施各级教育专项规划提交上级教育主管部门备案制度,提高学校规划建设的科学性、合理性。

(三)建立义务教育资源统筹配置标准。按照基本公共服务均等化的要求,根据国家办学条件基本标准和教育教学基本需要,制定办学标准、教师编制标准、生均经费基本标准和生均财政拨款基本标准、办学水平评估标准,均等配置义务教育资源。

(四)建立校长教师定期交流制度。实行中小学校长负责制和任期制,校长全面负责学校工作,每届任期为3—5年,在同一所学校任职满两届的原则上应予以交流。逐步推行校长职级制,取消校长的行政级别。各级教育行政部门要按照管理权限,组织实行城区学校间、农村学区学校间的教师定期交流,推行城乡间教师支教、挂职等多种形式交流,实施城乡学校结对帮扶,加强薄弱学校师资建设。

(五)保障特殊群体平等接受义务教育。完善留守儿童关爱服务体系,有针对性地解决农村留守儿童生活、学习等方面的困难和问题。完善进城务工人员随迁子女接受义务教育的保障措施,进一步消除制度和政策性障碍,保障进城务工人员随迁子女在城镇就学、升学得到平等对待。加强特殊教育,全面改善特殊教育学校办学条件,加强对普通学校特殊教育班和随班就读的指导和支持,完善特殊教育体系。

七、如何推进城乡义务教育一体化建设？主要从以下四个方面推进

（一）完善农村义务教育经费保障机制。义务教育全面纳入财政保障范围，提高保障标准，强化保障能力。调整经费投入方向，优化分配结构，在注重硬件建设的同时，加大预算内教师培训、信息化建设、图书仪器配备等项支出所占比例，促进农村义务教育学校内涵建设。改善和提高农村教师待遇，加强农村学校教师周转宿舍建设，稳定农村师资队伍，吸引更多的优秀师资投身农村教育。建立教学点的最低保障标准，保证规模偏小、位置偏远、条件偏差的学校能够正常运转。

（二）建立有利于教师向农村和薄弱学校流动的政策导向。城镇学校新进教师原则上先到农村学校任教 2 年以上，城镇中小学教师评聘高级教师职务、评选特级教师要有 1 年以上在农村学校任教经历。实施事业单位岗位设置管理制度和人员聘用制度，实现由固定用人向合同用人、由身份管理向岗位管理的转变；城乡学校教师实行统一的专业技术初、中、高岗位结构比例。优秀教师和先进教育工作者评选，向农村义务教育教师和管理人员倾斜。对新聘到全省"十二五"扶贫开发工作重点县县城以下（不含城关镇）学校任教的高校毕业生，享受提前定级待遇；转正定级时，薪级工资高定 2 级。对长期在农村基层和山区贫困地区工作的教师，在工资、职务评聘等方面实行倾斜政策，完善津贴补贴标准。对于布局调整后确需保留的不足 100 人的农村义务教育学校，在省下达的县域中小学教职工编制总额内，可以按照班师比调剂配备教师。

（三）建立促进义务教育均衡发展的投入补偿机制。县级政府要切实落实发展义务教育的责任，建立义务教育资源均等配置和补偿机制，依法保障教育投入，落实义务教育基本办学标准，保证县域内学校之间资源配置均等，办学条件相当。加强省级统筹，通过加大专项转移支付力度，支持革命老区、山区、库区、皖北地区及其他贫困地区教育事业发展。

（四）实施义务教育学校标准化建设。将标准化建设作为实施义务教育的重要任务，细化工作推进的时间表、路线图，建立信息管理平台、标准化建设验收制度。加强农村学校和城镇薄弱学校实验室、图书室、计算机室等功能教室建设,提高实验仪器设备和图书的装备水平。加强农村学校食堂、厕所、饮水设施建设,全面改善农村学校生活设施条件。实施县镇义务教育学校扩容工程,到2015年解决大班额问题。

八、如何提升义务教育整体办学水平和教育质量?未来十年,将从以下五个方面予以提升

(一)改进中小学校长选任和管理制度。根据国家中小学校长任职资格标准,建立全省中小学校长资格准入制度,提高校长专业化水平。建立和完善校长负责制,实行中小学校长任期制、聘任制和考核制,逐步推行校长职级制。初中和小学校长由县级教育行政部门选拔任用并归口管理。县级教育行政部门主管教师工作,负责教师队伍的统一管理、统一聘用和调配工作。

(二)创新中小学教师编制管理方式。以县为单位实行学校人员编制总量控制、统筹安排、动态调整。全省公办义务教育中小学校补充教师,一律实行公开招聘,严把"进口"关。积极探索建立新补充教师"省考、县管、校用"的制度,搞活学校内部用人机制,加强岗位管理,健全激励机制,完善教师转岗和退出机制。逐步实行教师资格定期登记制度,积极探索并制订教师资格制度与教师岗位聘用、培养培训、考核制度相结合的办法,形成激励教师终身学习和不断发展的机制。进一步加强以提高教育教学能力为核心的教师培训工作。

(三)着力提升义务教育教学质量。更新教育观念,实施素质教育,着力培养学生的科学精神、创新思维、实践能力和健全的人格。完善课程方案,重视中小学生艺术、美术和体育健康教育。推进教育教学方式改革,切实处理好学生减负与提高教师教学效果的关系,重点提升教师课堂有效教学的能力。加强教育科研,充分发挥教研队伍和省基础教育课程改革专家咨询委员会的引领和指导作用。

(四)建立义务教育质量监测制度。探索建立以年级和学段教育目标为基本标准,以学业水平测试和综合素质评价为主要实施途径的义务教育质量综合评价体系。加强对义务教育质量的监测和管理,将区域内中小学质量差异性监测纳入对各地义务教育均衡发展定性考核的核心内容。

（五）大力提升信息化水平。进一步加强农村中小学现代远程教育工作，不断提高教育信息化普及和应用水平。到2015年，所有义务教育学校实现"班班通"。有条件的地方逐步为完小以上小学配备计算机教室。加强安徽省基础教育资源平台建设，建立义务教育学科专题网站，促进城乡优质教育资源共创共享，缩小城乡学校优质教育资源差距，促进教育质量整体提升。

九、如何加强我省义务教育阶段学校的管理，提高学校的管理水平

（一）加强对学校招生、收费、教学等方面的管理。重点在影响义务教育均衡发展的学校和班级设置、班额控制、招生和收费监管等方面建立规范。义务教育阶段全面取消重点班、重点校，实行"划片招生、免试入学"，禁止任何形式的选拔性招生。严格控制择校，禁止同城借读，禁止任何与招生有关的捐赠行为。示范高中招生计划切块分配到初中学校，到2015年，各市、县分配到校指标不低于招生总额的80%，鼓励示范高中招生指标全部分配到各初中学校。中小学班额控制在国家规定的标准以内。禁止节假日补课和乱收费。

（二）加强对义务教育阶段学校管理的监督检查。按照义务教育法律法规相关要求，开展执法检查，建立各级教育行政部门和学校规范办学行为情况年度公告制度。建立规范办学行为局长、校长责任制，开展行为规范示范校、示范县评估并实施奖励，取消达不到评估要求的学校评先评优资格和各类示范性学校称号，对违反办学行为造成恶劣影响的地区、学校和个人，严肃追究责任。

（三）建立义务教育经费监管机制。县级以上政府应当将义务教育全面纳入财政保障范围，在财政预算中将义务教育经费单列，确保义务教育经费及时足额拨付、专款专用，并向本级人民代表大会常务委员会报告义务教育经费的决算情况。将义务教育资金均衡配置情况作为教育督导的重要内容，对于没有均衡资源配置、学校之间办学水平差异较大的地区，省教育主管部门在省有关教育资金和项目分配上予以调整，并不得申报省级示范高中。完善义务教育经费审计制度,建立教育内部预算管理审计制度,督促各地细化预算编制,硬化预算执行。

十、怎样完善义务教育管理体制,解决管理不畅,效率不高的问题

(一)建立设区市城区义务教育市级统筹、区级管理的管理体制。设区市承担统筹领导和宏观管理职责,区政府实施统一办学,统一管理;暂不具备条件的市,可采取市、区政府分级办学,分段管理,初中和小学的管办职责分别由市、区政府分担,但同学段教育应避免交叉管理。高等学校和企事业单位举办的义务教育学校的教学、招生等业务按照相应层级学校的管理体制,由市或区级教育行政部门统一管理。

(二)实行农村义务教育学区管理。在以县为主的管理体制下,各县以中心学校为依托设立学区,学区内学校的师资、经费、教育教学等重大事项,由学区内的学校共同参加、民主决策、民主管理、民主监督。县级教育行政部门应当对学区内学校重大事项的决策和管理实施监督检查。

十一、从哪些方面建立推进义务教育均衡发展的工作机制

主要从四个方面加快建立工作机制:

(一)建立义务教育均衡发展的工作统筹机制。省政府成立领导小组,省政府分管负责人任组长,教育、发展改革、人力资源社会保障、财政、住房城乡建设、国土资源、税务等部门为成员,加强对全省义务教育均衡发展规划与实施的领导,部署推进义务教育均衡发展各项改革试点和实验项目。设区市政府负责统筹、指导和整体推进本市义务教育均衡发展,对县级政府推进义务教育均衡发展进行监督和考核,指导推进义务教育均衡发展各项改革。县级政府对推进县域义务教育均衡发展负主要责任,统筹教育资源,落实各项改革措施,提升义务教育均衡发展水平。

各级教育行政部门负责本地区义务教育均衡发展的具体规划、组织实施和日常管理。发展改革部门要将义务教育均衡发展纳入经济和社会发展总体规划,在项目安排上给予优先和重点支持。财政部门进一步完善义务教

经费保障机制和管理制度,发挥专项资金导向作用,促进义务教育均衡发展。机构编制部门根据国家和省机构编制管理有关规定,做好我省义务教育学校机构编制管理的政策制定和组织实施工作,保证学校教育教学需要。住房城乡建设、国土资源部门要把中小学建设纳入城乡基础设施建设统一规划,优先保障教育项目建设用地。税务部门加强教育费附加征收工作。乡镇(街道)要加强校园周边综合治理,为学校正常教育教学创造良好外部环境。

(二)建立义务教育均衡发展监测和评估验收机制。省建立县域义务教育均衡发展督导评估制度,重点量化监测各地县域内中小学办学水平、教育管理和质量的差异性,综合考核各市、县政府推进义务教育均衡发展的工作情况,以及人民群众对均衡发展的满意度。建立区域义务教育均衡发展状况主要指标发布制度,由政府教育督导机构定期向社会公布。县域义务教育均衡发展考核结果与市、县政府及其主要负责人的教育工作考核、教育强县考核挂钩。经省政府教育督导机构评估达到义务教育均衡发展要求的县,由省政府批准认定后上报教育部审核认定。以县为单位,建立义务教育均衡发展信息库,加强对县域内义务教育校际发展差距的监测,及时纠正区域内教育资源配置不当或学校差距过大的现象。

(三)建立义务教育均衡发展工作问责机制。各市、县政府主要负责人是本区域内义务教育均衡发展工作的主要责任人,分管负责人是直接责任人,各市、县区域内在义务教育均衡发展过程中出现严重问题的,依照《义务教育法》及我省实施办法问责。

(四)建立促进义务教育均衡发展改革试点推进机制。鼓励各市、县结合实际,围绕义务教育均衡发展的重点领域和关键环节,积极申报改革试点项目,为全省深入推进义务教育发展创造经验。

十二、2011年、2012年,我省哪些县要基本实现县域义务教育基本均衡发展目标

两年共有50个县(市、区)要实现义务教育基本均衡发展目标。其中2011年有17个县(市、区),分别是:瑶海区、庐阳区、蜀山区、包河区,杜集区、相山区、烈山区,花山区、雨山区、金家庄区,镜湖区、弋江区、鸠江区、三山

区、铜官山区、狮子山区、铜陵市郊区;2012年有33个县(市、区),分别是:田家庵区、八公山区、涡阳县、蒙城县、颍州区、颍东区、颍泉区、贵池区、南谯区、琅琊区、天长市、霍山县、宣州区、宁国市、广德县、迎江区、大观区、宜秀区、岳西县、黟县、徽州区、黄山区、蚌山区、禹会区、淮上区、龙子湖区、固镇县、芜湖县、繁昌县、南陵县、当涂县、铜陵县、界首市。

十三、我省完善农民工子女教育体制机制改革的指导思想是什么

深入贯彻落实科学发展观,围绕"随迁子女"和"留守儿童"两个主体,坚持政府统筹协调,社会力量参与,学校、家庭、社会配合,校内教育与校外教育相结合,完善政策措施,加大各级财政投入,实化推进项目,加强督查考核,构建进城务工农民随迁子女平等就学体系和农村留守儿童健康成长关爱服务体系(以下简称"两个体系"),使所有农民工子女都能接受良好的义务教育,获得平等的发展机会,促进教育公平。

十四、我省完善农民工子女教育体制机制改革的目标任务是什么

到2012年,坚持以输入地政府管理为主和公办中小学为主(以下简称"两个为主"),进一步完善农民工子女接受义务教育的有关配套政策,农村留守儿童之家建设民生工程项目和农村寄宿制学校建设项目扎实推进,初步建成"两个体系"。

到2015年,切实推进农民工随迁子女平等就学,强化留守儿童之家的日常管理、活动开展和内涵建设,实现"全覆盖、全关爱、系统化、网络化"工作目标,基本建成"两个体系"。

到2020年,建立政府主导、社会参与的农村留守儿童关爱服务体系和进城务工农民随迁子女动态监测机制。"两个体系"更加健全完善,农民工随迁子女和农村留守儿童义务教育权利得到充分保障。

十五、如何构建进城务工农民随迁子女平等就学体系

我省将从四个方面积极构建:

（一）坚持"两个为主"，保障同等待遇。各级政府要认真落实《义务教育法》和我省实施办法，将农民工子女教育全面纳入经济社会发展总体规划。进一步完善就学服务体系，扩大并统筹配置教育资源，改善接受进城务工农民随迁子女学校的办学条件。坚持输入地政府管理为主，公办学校为主，保障随迁子女在城市享有与城市孩子同等就学权利。公办学校按照"就近划片，一视同仁"的原则承担接纳进城务工农民随迁子女入学的任务。对于进城务工农民较多、就学矛盾比较突出的城市，现有的教育资源一时难以以"就近"原则接受较多的农民工随迁子女，可暂时采取建设和保留定点学校的方式，合理确定服务范围，简化入学程序，及时告知进城务工农民。积极创造条件，到2015年前过渡到就近划片招生。进城务工农民随迁子女与城区学生统一编班，在学生管理、评优奖励、入队入团、考试竞赛、文体活动等方面，与城市儿童少年同样对待。

（二）积极开发资源，消除就学障碍。输入地政府要以输入地公办学校接收为主，以定点就读学校为必要补充，充分挖掘公办教育资源，合理规划学校布局，切实解决进城务工农民随迁子女就学问题。凡进城务工农民持有户籍证明、暂住证明、务工证明（具体由各地根据实际确定），其随迁子女按就近划片招生政策执行。严禁人为设置进城务工农民随迁子女就学障碍，严禁举行任何形式的入学考试或测试，严禁以任何理由和任何名义向进城务工农民子女收取"借读费"、"赞助费"、"捐资助学费"、"共建费"等。

（三）完善输入地升学政策和经费保障政策。在全省范围内继续实行并完善进城务工农民随迁子女在输入地参加初中毕业学业考试和报考高中阶段学校的政策，并与输入地学生享有同等政策待遇，进一步清除进城务工农民随迁子女升学障碍。加大省级统筹力度，按照进城务工农民随迁子女的实际人数拨付教育经费。各级政府将进城务工农民随迁子女义务教育公用经费纳入接收学校的经费预算中统筹安排，对接收学校予以经费支持和奖励。从2012年秋季学期在省内实施进城务工农民随迁子女教育券制度，财政部门将流出地补助的公用经费划拨到流入地。同时，将家庭经济困难的学生纳入输入地家庭贫困学生救助范围。

(四)积极完善服务,提高保障质量。各输入地教育主管部门和学校要积极采取措施,优化教育教学管理和环境,切实提高进城务工农民随迁子女就学质量。加强对对进城务工农民随迁子女教育研究,开展针对性教育活动,帮助他们了解城市,融入学校,快乐生活。输入地接收学校要建立进城务工农民随迁子女基本信息登记制度,为每一位学生建立、完善成长档案,包括学生的学习情况、身体素质、家庭基本情况、家长务工单位及联系方式等信息,加强与家长的联系沟通,跟踪管理。

十六、如何构建农村留守儿童健康成长关爱服务体系

我省将从以下六个方面来构建:

(一)健全农村留守儿童关爱服务体系。完善党委领导、政府统筹、部门联动、学校主导、家庭配合、社会参与的留守儿童关爱工作机制,形成职责明确、责任到人、分工协作、全面覆盖的工作网络,建立学习生活保障体系。通过开展关爱活动,努力为留守儿童的健康成长营造良好环境。

(二)加强农村留守儿童之家建设。在全省农村地区建立2万个农村留守儿童之家、1300个留守儿童活动室,覆盖全省所有农村中小学校和乡镇。加强留守儿童之家的内涵建设,加强与乡镇综合文化站、文化信息资源共享工程基层服务点、农家书屋、农民体育健身工程等文化惠民工程的资源整合和共享,开展农村留守儿童课外文体活动,培养孩子道德行为能力、社会实践能力、团结协作能力和社会适应能力。到2012年,使全省农村义务教育阶段留守儿童校内有监管,课余有去处,得到政府、学校及社会各方面的关爱。

(三)加快农村寄宿制学校建设。统筹中小学校舍安全工程、农村中小学寄宿制工程和薄弱学校改造等项目和资金,科学规划,合理布点,建设农村中小学寄宿设施和农村留守儿童校外活动场所,扩展和完善学校的日常生活服务设施,满足农村留守儿童的寄宿要求和生活需求。

(四)积极探索社会化、市场化服务管理模式。鼓励社会力量投资建设、举办各种形式的农村留守儿童服务中心,面向市场,服务社会,扩大农村留守儿童服务资源,满足农村留守儿童生活服务的多样性需求。

(五)建立和完善各项制度。进一步完善农村留守儿童救助保障和医疗保健制度、驻村民警和乡镇司法助理员联系农村留守儿童制度、校园及其周边文化环境综合治理制度、留守儿童档案制度和统计年报五项制度,加强农村留守儿童心理健康教育和家校联系,强化家庭、社会、学校三方职责。认真落实省校内留守儿童之家建设和管理办法,健全工作机制,规范日常管理。

(六)发挥学校在留守儿童关爱工作中的主阵地作用。根据农村留守儿童的实际情况,动员和组织学校教职员工对他们进行"一对一"结对帮扶,及时掌握农村留守儿童的思想、学习、生活情况及困难,并及时帮助解决。通过组织丰富多彩、生动活泼的活动,引导农村留守儿童树立自信大方、乐观向上的生活态度。以心灵关爱为重点,高度关注留守儿童的心理需求,积极开展丰富多彩、生动活泼的教育活动,提高留守儿童的综合素质,促进留守儿童健康成长。

十七、如何组织实施农民工子女教育体制机制改革

(一)建立领导协调机制。各市、县要从完善工作体制机制入手,健全农民工子女教育协调机制和联席会议制度,明确职责分工,加强协调配合,及时解决问题。建立教育部门牵头、有关部门协同,一级抓一级、层层抓落实的工作网络。

(二)健全基层网络体系。根据农民工子女生活、学习、管理、教育、帮扶等方面的需求,引导和帮助基层建立健全"五大网络":以村委会、留守儿童监护人、代理监护人和代理家长为主体,建立健全家庭监护网络,重点加强对留守儿童日常生活和安全的监护;以学校和教育行政部门为主体,建立健全教育管理网络,重点负责对儿童思想道德教育、心理健康和良好行为习惯的培养和学习生活管理;以基层组织为主体,建立包保责任制,健全帮扶保障网络,重点解决好农民工子女的生活困难;以基层公安、司法机构为主体,建立健全权益维护网络,确保农民工子女的人身安全;以关工委、共青团、妇联等社会组织为主体,建立健全社区爱心网络,从不同方面给农民工子女以关爱。动员方方面面的力量,真正构建起学校、家庭、社会"三位一体","覆盖到边,

监护到位,关爱到人"的农民工子女动态管理网络。

(三)健全目标管理责任制和考核奖惩制度。完善关爱农民工子女工作监督检查和考核标准,加强对各地、各有关部门农民工子女工作的专项考核,把农民工子女工作纳入对县级党政领导干部教育工作督导考核,纳入义务教育监测指标体系和教师考评考核,监督检查和考核结果以适当方式公布。建立农民工子女工作激励与约束机制。发挥农村留守儿童工作示范区和随迁子女就学示范区的示范辐射作用,评选示范学校,对农民工子女工作成绩突出的地区、单位和个人给予表彰和奖励。

(四)加强理论研究和社会宣传。加强对关爱农民工子女工作的理论研究和专题研究,制定并完善保护、关爱农民工子女的政策法规,不断增强工作的针对性、实效性。各新闻媒体要多形式、多渠道宣传关爱农民工子女工作的重要性、必要性,宣传关爱农民工子女工作的先进典型,宣传农民工子女的自强精神和先进事迹,营造全社会重视、关心、支持农民工子女教育工作的氛围。

十八、我省规范办学行为减轻学生课业负担改革的指导思想是什么

指导思想是:深入贯彻落实科学发展观,把关心学生身心健康、减轻学生课业负担作为教育工作的重要任务,坚持政府统筹、全省联动、整体推进,坚持依法规范、行政推进,坚持标本兼治、深化改革、提质增效,坚持建章立制、综合治理,坚决纠正各种违背青少年身心发展规律和教育教学规律的不规范办学行为,切实减轻学生过重的课业负担,促进素质教育扎实深入开展。

十九、我省规范办学行为减轻学生课业负担改革的目标是什么

到2015年,基本建立要求明确、责任落实、措施固化、监督常态、齐抓共管的长效机制,初步形成政府引导、部门负责、学校主抓、家庭配合、社会支持的工作局面,全省中小学办学行为基本符合规范,学生课业负担明显减轻,家长和社会满意度提高。

到2020年,建立适应实施素质教育要求的高质量、轻负担的制度体系,全省中小学办学行为符合规范,学生课业负担符合规定要求,整体教育质量明显提高,家长和社会基本满意度有较大提高。

二十、我省规范办学行为减轻学生课业负担改革的八项任务是什么

围绕工作目标,完成以下八项减负任务:

(一)规范课程开设,控制课时总量。市、县(含市、区,下同)政府按照编制标准配齐配强中小学各科教师,督促学校开齐开足国家规定课程,重视音、体、美、信息技术、综合实践活动特别是研究性学习等课程的开设和教学,确保中小学生每天体育锻炼1小时。学校不得随意加深课程难度、随意增减课程和课时、赶超教学进度和提前结束课程。未经省级教育主管部门同意,不得组织学生参加各种违背教育规律的竞赛。除普通高中毕业班学生周六可以安排半天时间开展研究性学习、社会实践活动或社团活动外,禁止中小学校以任何名目在双休日、寒暑假和其他法定节假日组织学生集体上课补课。

(二)规范作息制度,控制学习时间。保证学生休息权、双休日的自主支配权、晚自习的自主学习权。严格遵守国家课时规定,走读生每天在校教学活动时间,小学、初中和普通高中分别不超过6小时、7小时和8小时。不得组织走读生集体晚自习。控制寄宿制学校学生晚自习结束时间。

(三)规范作业布置,控制作业数量。优化作业内容,改进作业方式,提高作业质量。小学一、二年级不留书面课外作业,控制小学其他年级、初中和普通高中课外作业量。倡导改进作业方式,义务教育阶段积极推行"课外零负担书面作业"模式,鼓励当堂作业;指导学生在完成书面作业的同时,完成与自然、社会、生活相关联的社会实践性作业;增加学生课后阅读量。

(四)规范考试行为,控制考试次数。义务教育阶段学校坚持免试就近入学原则,不得违规提前招生和举行任何形式的选拔性考试,不得以各种学科竞赛成绩、特长评级作为录取依据。加强日常考试管理,减少考试次数,提高考试质量。小学一、二年级只进行期末考试,不得组织期中考试。普通高中禁止任何单位和个人组织跨地区的统考、模考。初中学业水平测试成绩和学生综合评价作为高中录取的依据。初中、高中学业水平测试,由省级教育主管部门根据课标和考纲要求统一命制,各地组织考试录取。各地、各校严禁以考试成绩给班级、学生排列名次(座位、考场)。推行小学、初中日常考试成绩无分数评价。切实加强中考、高考信息管理,除考生本人外,各级招生机构一律不准向其他任何单位和个人提供考生报名信息、考试成绩以及录取信息。各市在通知高考成绩和录取结果时,也要采取相应措施,确保将考生成绩和录取通知书直接发放给考生本人。

(五)规范学生用书,控制滥用教辅。严格执行国家教辅材料管理政策,加强对中小学教辅材料使用的管理。任何学校不得以任何名义统一征订教辅材料。

(六)规范办班行为,控制过度竞争。禁止义务教育阶段学校以任何名义分重点班和非重点班。禁止普通高中举行各种加重学生课业负担的活动或办班。禁止示范高中在校内举办复读班和招收复读插班生。禁止中小学组织奥赛班。禁止幼儿园举办蒙氏、外语、奥数、珠心算等违背幼儿身心规律的特色班、兴趣班、实验班,禁止幼儿园参加收取费用的竞赛、展演等活动。

(七)规范教师行为,加强收费管理。教师不得对学生实行有偿家教、有偿补课,不得私自在校外兼课、兼职。教师要尊重学生人格,不歧视学生,不体罚、变相体罚学生,关心帮助学习困难的学生,保护学生合法权益。按照国家规定开展的教育教学活动等所需的合理支出,从学校公用经费中开支,不得自行以任何形式向学生和家长收费。普通高中、幼儿园按规定的项目和标准收费。实行收费公示制度,做到收支两条线。按规定代收费的,及时结账,结余费用及时退还给学生。

(八)规范社会行为,维护学校秩序。减轻学校的社会负担。有关部门组织各类考试,不得挤占正常的教学时间;有条件的地区,原则上不安排在中小学校。不得组织中小学生、幼儿参加各类庆典活动和迎送活动。

二十一、如何推进教育改革,提高课堂教学的有效性

主要从七个方面推进与提高:

（一）转变教育观念。引导各级教育部门、学校准确把握教育发展的主题，树立全新的教育观念，进一步掌握素质教育的基本理念和基本要求，提高落实八项"规范"的自觉性，并将其贯穿各级教育部门、学校和教师的教育、教学、教研和管理行为全过程。

（二）创新教学模式和方式。以打造优质高效课堂为重点，总结推广先进科学的课堂教学方式方法。积极推行先进教法，评选推荐一批观念新、内容精、方法当、手段活、效果好的课堂教学范例。遵循因材施教的原则，创新分层教学模式。根据不同学生现有的知识和能力水平，确立不同层次的教学目标、达成标准和教学要求，分层设计作业和试卷。建立帮扶学习困难生制度，提高整体学业水平的合格率，在跳级、选修更高学段课程、提前参加学业水平测试等方面给成绩优异的学生政策支持。完善普通高中学分管理制度，有条件地区推行"走班制"教学。高中学生必须修满规定的所有学分，经学业水平测试合格后方可毕业。

（三）优化教学过程。教师要以优质高效为目标，根据课程标准和学生学业基础，提出恰当的教学目标和实在的教学内容，切实增强各项教学活动的针对性。要对课前预习、课堂学习、课后作业练习等进行系统思考，整体设计，积极引导师生互动，不断优化教学过程，提升教学效果。要积极开展家访等活动，及时了解学生特别是留守儿童的情绪、学习、生活等情况。学校要建立完善优化教学过程的管理制度和评价机制，加强对教学全过程的协调、监督、指导。开展全省中小学学业水平合格率和优秀率的评测，将其作为教育质量监测的重要内容。

（四）改革考试评价制度。逐步改变以单一的考试成绩评价学生的做法，减少考试次数，提升考试质量，逐步加大学生综合素质评价在中高考录取中的作用。完善小学综合素质评价制度，充实内容，将评价结果与小学毕业挂钩，改进小学生毕业证书的呈现方式。积极推进高中招生录取实行学生学业成绩等级评价加综合素质评价的方式，继续扩大示范高中分配到初中的招生指标，降低录取分数限制，鼓励教育发展相对均衡地区开展高中指标全分配，鼓励各地示范高中试行联合招生。逐步构建符合教育规律的考试和录取方式。深化高、中考命题改革,强化与推进基础教育课程改革、减轻学生课业负担工作的对接,建立对初中学业水平测试和高考命题质量评测制度,把控考试命题的难度,提高考试命题的效度。

(五)跟进教研指导。出台课标贯彻执行和教育教学常规管理意见,加强对教育教学方式方法改革的指导,帮助中小学提高打造高效课堂的实施水平。建立和扩大专家队伍,通过建立网络平台、联片教研等方式,开展多种形式的教师培训和校本教研的指导。建立学校开展综合素质评价和课程开设状况的网上监测平台,实施学科教学教研分析年报制度,加强对教学过程的监督。

(六)提升教师整体素质。加强教师师德教育,开展教师职业道德教育和业务培训,提高教师专业化水平。重视培养理念先进、精于管理、敢于创新的校长队伍。不断完善和健全名优教师培养与管理制度,在评职、评优方面凸现教学水平和实绩,健全教师研修工作的管理机制,设置多元化的绩效目标,实施定量与定性相结合的评价方法,着力培养高素质的教师团队。

(七)加强对学生的心理关爱。各级教育部门和学校要高度重视心理健康教育工作,提高教师心理健康教育的知识和能力,根据学生年龄特点和个性差异,采取科学的教育方法,缓解学生学习生活的压力,排解他们成长中的烦恼,培养学生积极、乐观、向上、抗挫的心理品质,促进学生人格健全发展。积极创建和谐校园,努力把学校建成学生健康成长的乐园。改善学校心理健康教育的条件,普通高中建立心理咨询室,多渠道实施心理健康教育。关注学生的情绪变化,特别要创造性地做好进城务工人员随迁子女、农村留守儿童以及家庭经济困难学生、学习困难学生等群体的心理辅导。

二十二、如何依法严格管理,加大对规范中小学办学行为的行政监督力度

重点是加强三个方面的管理:

(一)加强民办中小学、幼儿园管理。规范民办学校招生考试、学籍档案、教育教学、办园命名等办学行为。民办学校面向中小学生举办艺术、体育、科技等培训班必须依法办理审批备案手续,并严格落实各项管理制度。民办学校发布招生广告必须到批准办学的审批机关进行备案,不得欺骗和误导学生及家长,不得做不负责任的许诺。

(二)健全信息反馈系统。综合运用教育门户网站、安徽教育微博和义务监督员等渠道,形成信息反馈系统,及时浏览、受理、调查、反馈投诉咨询信息,认真办理投诉咨询、意见和建议,加强对违规行为的监控。完善来信来访处理制度,建立各地工作月报制度和定期分析报告制度。

(三)切实加大教育执法力度。研究制定教育行为规范指导意见,从行政管理、教育教学、督导检查等方面提出促进行为规范实施细则,明确规范要求,强调行业精细化管理,构建科学监管体系。完善教育行政执法监督机制,逐步实现规范中小学办学行为、减轻学生课业负担的制度化、规范化。建立减轻学生课业负担责任区制度,加强对辖区规范办学情况的随机检查,建立全方位、经常化的督查机制。各级政府及教育行政部门每年要在辖区主流媒体公布随机检查结果,主动接受社会监督。

二十三、如何建立长效机制,保障减轻学生课业负担工作常态化科学化

从六个方面推动建立长效机制:

(一)建立学校教学活动公开公示制度。学校通过校务公开栏、校园网、给家长书信等途径将实际使用的课程表、作息时间表、教师任课任职表、课外文体活动安排表、作业量表进行公示,接受监督。

(二)建立学生课业负担政府监测公告制。围绕规范办学行为要求,实施年度监测。委托统计机构进行科学的调查统计,由省教育行政部门定期向社会公告。

(三)建立基础教育质量监测制度。以区域内学生学业合格率达成水平和综合素质表现为主要内容,建立省、市、县三级教育质量监测体系,实行定期监测,在规定范围内公告。

(四)建立减负工作激励机制。建立符合减负要求的督导评价机制,将市、县政府及其教育主管部门和学校减负工作作为督政督学的重要内容,适时开展专项督查,督查结果与党政领导干部教育工作督导考核和教育部门年度目标管理考核等挂钩。开展教育行为规范市、县、学校评估。

（五）各级政府依法执行国家有关减负的各项政策和措施,将减负工作纳入相关工作考核内容,维护师生身心健康,改善对教育主管部门、学校考核评价制度和办法,不下达升学指标,不统计、不公布升学人数、升学率等中考、高考信息,不依据升学考试成绩对学校进行排名排队,不以升学考试成绩作为奖惩学校的标准。

（六）实施教育行政问责制度。对违反减负规定的中小学、幼儿园,一律取消各类教育荣誉称号以及各类教育荣誉称号的申报资格,且两年内不得再申报。对于因监管不力、查处不力,违规行为问题严重的地区,取消当地当年和次年市教育局考核优秀等次,评选教育强县,目标管理考核先进市,申报省级示范高中、优秀省级示范高中、特色学校、一类幼儿园等资格,并视情节轻重,按照规定予以处分,查处结果通报全省。对于违规的民办学校,视情节轻重,给予教育、通报批评,直至责令停止招生、吊销办学许可证。

二十四、规范办学行为减轻学生课业负担改革,如何有效组织实施

从三个方面组织好、实施好：

（一）落实政府责任。坚持正确的教育方向,加强对减负工作的领导。树立全面的质量观和科学的政绩观,将减负作为落实国家教育方针的必要内容纳入各级政府重要的议事日程,统筹规划,整体推进。按照"属地管理"和"谁主管、谁负责"的原则,建立政府统一领导、有关部门协同配合、教育部门具体组织的职责明确、分工协作的工作机制。建立减轻学生课业负担改革的联席会议制度,定期分析改革方案的实施情况,有针对性地提出目标任务、工作措施和要求,确定本地区工作重点,抓好工作落实。

（二）坚持齐抓共管。围绕推进减轻学生课业负担的改革内容,各级政府及相关部门、学校、家长相互配合支持,形成合力。要通过家长会、家长培训班、家访等形式,宣传减轻学生课业负担的重要意义和规定要求,引导社会、家庭对学校进行正确评价,理解支持学校采取的减负措施,树立正确的教育观念,掌握科学的教育方法,配合学校实施减轻学生课业负担工作。

（三）加强舆论宣传。利用报刊、广播电视、网络等媒体，大力宣传减轻中小学生课业负担改革工作的重要意义，宣传在减负背景下狠抓教学质量、实施素质教育的先进典型，引导全社会关心和支持学校减负增效工作，形成全省共同推进减轻学生课业负担改革的良好舆论环境。

基础教育改革与发展协同创新中心发展规划
（2013—2016 年）

一、综合使命

基于办好人民满意教育，本着深化教育领域综合改革，将分散在政府部门、高等院校、科研院所、基础教育一线学校的政策调控、理论研究、业务指导和实践创新等创新要素与资源汇聚起来，拧成协同创新合力，对关涉安徽区域基础教育改革的核心问题和面临的重大挑战开展跨学科、跨领域的综合研究创新，促使协同创新中心建设成为代表安徽省本领域高校的研究能力，并能够对区域基础教育改革与发展重大需求及时做出反应，能够支撑本领域的科学研究和人才培养的创新基地；同时体现出对安徽基础教育发展有较大的贡献力，体现出对相应的学科发展具有支撑作用，能够真正成为解决基础教育问题、推进基础教育发展的创新基地和研究中心。

二、总体思路和发展目标

（一）总体思路。《国家中长期教育改革和发展规划纲要（2010—2020年）》指出，坚持基础教育重中之重地位；坚持以人为本、全面实施素质教育是教育改革发展的战略主题；要把改革创新作为教育发展的强大动力；要关心每个学生，促进每个学生主动地、生动活泼地发展，尊重教育规律和学生身心发展规律，为每个学生提供适合的教育。

安徽省是全国"省级政府统筹综合改革试点"省份，早在 2010 年，"基础教育三项改革"就被确定为国家教育体制改革试点项目。2012 年省政府出台了《推进安徽省县域义务教育均衡发展等三项改革实施方案》，设置 4 大类

9项改革实施项目,确立102个改革试点单位,明确了教育均衡发展的目标任务和改革措施,为促进教育公平提供了科学的发展路径和有力的政策保障。

协同创新中心紧紧围绕"基础教育三项改革",聚焦于推进县域义务教育均衡发展、完善农民工子女教育体制机制、规范办学行为减轻学生课业负担等领域改革的基本目标,深入开展协同研究。积极推进协同体内学科的交叉融合,促进政府部门、高等院校、科研机构和中小学深度合作,构建"需求导向、创新引领、深度融合"的基础教育改革与发展协同创新中心。充分发挥"中心"的跨学科、实体化、机制灵活的组织优势,在未来4年内,努力建设一批立足基础教育实际、体现教育规律、具有引领示范功能的基础教育改革实验区和实验校,培养一批推进基础教育发展的拔尖创新人才和服务基础教育改革的复合型应用人才,取得一批基础教育创新研究的标志性成果。

1.聚焦基础教育改革与发展中的核心问题和重大需求,协同创新资源,推进跨学科、跨领域联合攻关。围绕基础教育改革与发展中的主要问题和关键领域,联合协同体内高等院校、科研院所和基础教育一线学校,确立义务教育均衡发展、平等就学、减负提质3个研究创新方向,通过跨学科、跨领域研究,深入开展问题剖析、积极鼓励学术创新、主动支持改革实验,在推进县域义务教育均衡发展、完善农民工子女教育体制机制、规范办学行为减轻学生课业负担过重等方面取得标志性理论成果和较大的实践突破,为基础教育发展创新和质量提升,提供有力的学术与技术支持。

2.以服务于基础教育改革与发展为目标,构建协同创新体系,推进协同研究的体制机制创新。加强协同创新体建设,形成"优势互补、资源共享"的协同创新架构体系,与省教育厅基础教育处、铜陵市教育局等7家政府部门,省社会科学院等5家科研院所,台湾铭传大学等2所境外高校,华东师大等5所国内高校、武汉大学出版社等3家教育文化机构以及60多所中小学,构建开放、互补、紧密型的协同创新体,并组建若干个科研和社会服务联盟:高校教育学科学术创新联盟,高校与地方教育行政部门改革创新联盟,高校与中小学合作联盟,中小学发展与文化产业合作联盟等,形成结构合理、互利互赢的协同创新体系。

3.依托优势主体学科,以学科交叉融合为手段优化资源配置,推进高层次人才培养模式的创新。在顺应经济社会发展需要和遵循学科建设规律的基础上,围绕"基础教育三项改革",对相关学科的优质资源进行整体规划。实施人事制度、人才培养、科研模式、资源配置等综合机制体制改革,积聚和培养一批在国内有影响力的推进基础教育发展的拔尖创新人才。探索灵活、开放的运行机制和高效的管理模式,促进基础教育发展和教育学一级学科的教育资源、研究资源和人才培养资源的优化配置。注重发挥学科队伍建设在学科交叉中的核心作用,发挥项目建设在学科交叉中的整合作用和驱动作用,发挥一级学科对相关学科的引领作用,强化学科不同平台之间的融通与对接机制建设,努力提升学科优质资源的交叉融合水平和质量,提高学科面向实践、解决实践问题的能力和水平,培养一批服务基础教育改革与发展的复合型应用人才。

(二)发展目标。围绕基础教育改革与发展的重大理论和实践问题,遵循高校学科发展、科研创新和人才培养规律,坚持"研究、试点、示范"的三步走推进三项改革的发展路径,以学科交叉融合为手段,以高等院校、科研院所与基础教育学校协同协调为主要方式,以基础教育改革实验区(校)建设为主要载体,以内涵建设和特色建构为重点,强化国内外学术影响力的提升、学科综合实力的增强和服务基础教育发展能力的提升。

未来4年内,以提升高校人才、学科、科研三位一体的核心创新能力为着力点,将协同创新中心建设成为学科生长有活力、学术创新有动力、科研转化有平台、服务基教有成效的高水平的协同创新中心,并成为服务安徽,在全国有一定影响的基础教育改革与发展的理论研究中心、决策咨询中心、应用研发中心和创新孵化中心。

1.推进学科深度融合,催生服务基础教育改革与发展的系列创新型、标志性成果。充分发挥协同创新中心的跨学科、实体化和机制灵活的组织优势,在未来4年内,积聚和培养一批推进安徽基础教育改革与发展的拔尖创新人才,产生创新型学术成果,成为具有一定影响力的学术高地。以"创新"

为根本宗旨,集中于基础教育改革的理论研究和实践研究,在安徽基础教育改革与发展的理论与政策创新、基础教育改革实验区建设、学校办学模式创新、教育教学方法改革创新、教育创新的资源供给和技术开发等方面联合攻关,产生一系列有利于推进安徽基础教育发展和质量提高,并在国内具有影响的标志性成果。

构建立足安徽、面向全国,与广大基础教育学校实践工作者共同研究、共同推广教育成果的紧密型"学术共同体",力争在各类高层次科研项目中取得突破。

2.深化基础教育改革,在服务基础教育的政策理论创新与业务指导方面取得新的突破。

(1)以安徽省基础教育改革试点项目和实验区为实践平台,探索义务教育均衡发展机制建设基本举措,初步建立区域内义务教育投入均衡配置机制和补偿激励机制,探索校长和教师定期交流制度。加强决策咨询服务,促进教育资源均衡配置机制基本建立,义务教育学校标准化建设基本完成,全省义务教育学校班额达到标准要求,城区学校择校生得到有效控制。

(2)探索以输入地政府管理为主和公办中小学为主,进一步完善农民工子女接受义务教育的配套政策设计,进一步完善进城务工随迁子女平等就学体系和农村留守儿童关爱服务体系,深入研究分析农民工随迁子女平等就学的社会效应,探索强化留守儿童之家日常管理、活动开展与内涵建设的思路与举措。

(3)以安徽省基础教育改革试点项目和实验区为实践平台,以规范中小学办学行为为重点,以基础教育课程改革为抓手,将已探索学科教学减负增效的"碎片化"有效措施进行归纳提炼,形成经验体系与模式。通过试点,逐步破解规范办学行为减轻学生课业负担过重的难以落实的难题,形成政府统筹、部门协同、学校负责、家庭配合、社会支持的保障机制。

3.构建高校与基础教育紧密联系的学术联盟,在服务基础教育改革方面取得突出成效、创设典型经验。围绕"基础教育三项改革",采用跨学科的研究视野,对安徽基础教育改革、办学模式、课程体系、教师专业发展等重要问题开展实验研究、实证研究和政策研究。紧密结合安徽基础教育发展需求，构建高校与基础教育紧密联系的学术联盟，建设若干个有影响的基础教育改革与发展实验区，服务安徽省基础教育发展的决策咨询、问题诊断和经验推广。健全相应的运行机制、创新激励机制和评价机制，并以此引领基础教育学科建设、师资培养、校本研究、学校管理走上新高地，为我省教育实现跨越式发展提供智力支撑和人才支持。

三、主要机制体制改革和运行模式

（一）主要体制机制改革。

1. 创新"一主三辅"组织结构。创新组织管理体制。建立《章程》及《组织框架和运行管理办法》等形成制度体系，成立中心理事会，并构建理事会主导、专家委员会和聘任委员会指导、工作委员会协同执行的管理体制。

中心理事会：由牵头单位和主要协同单位组成，中心决策机构；

专家委员会：负责中心项目的指导、咨询、监督；

聘任委员会：首席专家、特聘专家的遴选考核；

工作委员会：执行理事会下达的工作任务，负责中心日常工作，设项目管理办公室、研究室、信息档案室等办事机构和分支研究机构。

进一步理顺各协同创新要素之间的关系，敦促创新要素横向深度融合，将协同创新中心建成一个高效、协同、开放的无边界组织。

2. 协同协作的协同体分工负责制。本协同创新体以"基础教育改革与发展协同创新中心"为实体机构，以政校合作为主体，联动校地、校校和校所等多方合作，遵循优势互补、合作共赢原则，并按照"政府是主导、协同是基础、研究是支撑、应用是目标"的合作机制，明确任务分工。

（1）高等院校：合肥师范学院作为牵头单位，负责协同创新中心的顶层设计，加强协同单位间的协同与沟通，编制协同研究的项目规划；淮北师范大学等高校协同开展理论创新与实践指导，以及人才培养和学科建设；台湾铭传大学等主要提供境外基础教育经验借鉴。协作分工：淮北师范大学负责皖北地区基础教育改革与发展实验研究的理论指导，安徽师范大学负责皖南地区基础教育改革与发展实验研究的理论指导,合肥师范学院负责合肥市为中心的皖中地区基础教育改革与发展实验研究的理论指导。

(2)科研院所:安徽社会科学院为协同研究的政策创新与社会支持提供理论指导,发挥社科院多学科的研究优势,密切教育与社会发展的联系;省教育科学研究院作为中小学教育研究的业务指导单位,承担基础教育改革与发展科研支持和智力支持;华东师范大学基础教育研究所、东北师范大学农村教育研究所重点通过项目引领或专业指导,促进协同研究。

(3)教育行政部门:省教育厅基础教育处主要负责项目决策、过程实施和结果评估;合肥、铜陵四市教育局促进教育理论创新成果转化,为基础教育改革与发展发挥实验研究与改革示范引领的作用。

(4)中小学:承担项目试点实施与总结。

☆合肥师范学院

本协同创新体牵头单位。承担整合研究资源,汇聚创新要素的主要责任,为协同创新体开展研究创新提供必要的办公条件;支持协同创新体开展科研体制机制改革,营造有利于协同创新的环境和氛围。

☆安徽省教育厅基础教育处

本协同创新体主体组建单位。为协同创新体提供政策支持,重点进行基础教育改革与政策研究和统筹把握,指导研究方向和监督过程实施与评价;实行政策倾斜,为协同创新体研究创新提供政策保障。

☆安徽省社会科学院、安徽省教育科学研究院、华东师范大学基础教育改革与发展研究所、东北师范大学农村教育研究所

本协同创新体参建单位。为协同创新体提供研究力量支持;对协同创新体开放基础教育信息库、数据库;承担科研协作义务,组织开展校所合作研究。

☆安徽师范大学、淮北师范大学、合肥幼儿师范专科学校

本协同创新体协作单位。为协同创新体提供研究力量支持;对协同创新体开放图书馆、档案室、实验室、数据库;实行科研协作,协助构建学术网络和信息网络。

☆台湾铭传大学、澳大利亚查尔斯达尔文大学

本协同创新体协作单位。为协同创新体提供海外与台湾的基础教育经验借鉴，拓宽学术视野；依托铭传大学安徽教育中心延伸皖台两地教育交流平台。

☆合肥市教育局、铜陵市教育局、阜阳市教育局、淮北市教育局、中小学实验学校

本协同创新体具体项目实施单位。具体实施省级教育体制改革项目，协助承担基础教育调查和取样研究，配合开展校地合作研究。合肥市教育局及试点中小学承担"建立城乡一体化义务教育发展机制"、"建立政府对普惠性民办园发展有效奖补机制"等 12 个项目；铜陵市教育局及试点中小学承担"深化教育改革率先实现教育现代化"、"实行校长职级制改革"等 3 个项目；阜阳市教育局及试点中小学承担"城市化进程中的农村学校提质转型试点"、"有效解决区域内择校现象"等 8 个项目；淮北市教育局及试点中小学承担"建立优质教育资源共享机制"、"推进教育信息化建设"、"打造高效课堂，不补课，不加班加点"等 7 个项目。

（二）主要运行机制。

1.实行"协同研究、项目负责、一体化推进"的运行机制。协同创新，就是要通过体制机制改革创新，解决行政、科研、学校结合不紧，力量分散的问题。协同创新中心统筹协调多方力量，实行政策倾斜，重点支持和引导相关专家和教师主动参与协同研究。

协同研究，即提高研究的组织化程度和协同化水平。协同创新中心所确立的总体性研究领域、研究方案和研究思路，需要在首席专家的引领下，吸纳国内外研究专家，进行深入的科研讨论和论证，达成研究共识，确立研究的长期规划与中短期计划。

项目负责，即提高研究的质量和效率。根据总体性研究目标和研究规划，将研究项目进行分解，成立相关的研究分支机构，并遵循"跨学科、多领域"的原则安排研究人员，实施项目分工负责制。

一体化推进，即提高科研、教学和社会服务的整体协调性。所有研究人

员和研究项目均围绕"科研、教学和社会服务"三位一体的目标展开。通过解决教育理论与实践中的重大问题和产生标志性成果的方式,提升协同创新中心的研究能力;通过培养复合型、创新型的本科生、硕士生等方式,优化人才培养的质量和结构;通过关注基础教育改革与发展的实践需要和制度需求,开展深入的实践研究和政策研究,提升协同创新中心的社会服务能力。

2.创新团队的优化扶持机制。

(1)实行首席专家负责制。因需设岗,公开招标,以重大项目为牵引,通过流动不调动的柔性方式引进高端人才,并领衔组建团队。

(2)突出创新应用导向。创新团队在建设方向、人员选聘、设备配置、经费保障等方面给予一定的政策扶持,注重跨学科、交叉学科人才的引入,使创新团队的学科结构、源地结构更趋合理、更加优化。在鼓励基础理论研究团队的同时,加强以应用研究、研发创新为特征的研究团队建设。

3.创新人事管理机制。

(1)创新"双跨单聘、专兼结合"的人事管理方式。通过包容性人才引进方式,吸纳校内教育学、心理学、社会学、管理学等相关学科研究人员融入协同创新中心,同时向省内外相关院校和科研机构招聘亟需的专职研究人员。

双跨,即允许中心研究人员在原有单位和协同创新中心两个域内开展研究,在支持研究人员依托原有学科开展研究的同时,鼓励研究人员开展跨学科研究。

单聘,即每位研究人员只有1个聘任岗位,支持研究人员作为"基础教育改革与发展协同创新中心"专职、兼职或流动研究人员,承担教学和科研任务。

牵头单位合肥师范学院赋予中心在资源整合、人员管理、团队建设上的调控权,有利于科研团队的形成和方向的凝练。中心实行岗位聘任制,"因事设岗、依岗选人、事毕人去"。岗位根据研究目标和实际工作任务设置,采取聘任制度,岗位包括特聘专家、专职研究人员、兼职研究人员、流动研究人员和行政管理人员,各类聘任岗位可根据实际需要和协同创新中心发展状况进行动态调整和变更。

(2)创新"以需求为牵引"的人事管理制度。主要包括以任务为牵引的首席专家、团队负责人和岗位专家聘任制;身份在原单位,研究在协同创新中心的人才配置模式;建立以绩效考核为主的研究人员薪酬分配制度等。

(3)创新"以创新贡献为导向"的评价机制。以贡献主导、业绩互认开展双向考核,实行优质优酬的津贴分配。将创新作为科研考核的第一要求。围绕科研成果的原创性及国内外影响力、重大成果的产生与服务社会的成效等核心指标进行科研评价与考核。

(4)创新"以创新能力为主导"的人才培养模式。将创新能力和科研成果的转化能力作为人才培养的重要内容,促进协同体内联合培养、学分互认和导师互聘;建立实践创新基地、强化本科生和研究生的创新能力培养。

(5)创新"有利于协同创新"的资源配置方式。包括建立跨学科、跨单位,人、财、物统一调配机制;建立共享平台服务体系,实现资源和信息共享。

四、主要任务与考核指标

(一)科研创新。本中心将以在研国家和省部级课题以及协同创新中心基地项目为牵引,深化对基础教育发展的重大理论与现实问题的研究。目前,牵头单位合肥师范学院及协同体承担国家社科基金《终身教育理念下的基础教育学校变革与区域推进研究》等重点课题3项,中心全力支持协同体开展联合攻关和实验研究,构建立足安徽、面向全国,并与广大基础教育实践工作者协同协作的紧密型"学术共同体"。

在未来4年内,力争将中心建设成为具有国内一定影响力的学术高地,并在基础教育改革与发展的问题解析、理论阐释和实验成果等方面产生系列成果:(1)与合肥、铜陵、阜阳、淮北市教育局协同,建立60所基础教育改革实验学校。在协同研究和实验研究的基础上,分类型形成基础教育改革与发展创新的综合实验报告,创设具有一定影响力、可推广性的基础教育改革的典型模式和成功经验;(2)围绕均衡教育、农民工子女教育和减负提质的改革发展状况,开展系统的实证研究和案例研究,分年度研制和发布《安徽省基础教育改革与发展年度报告》,为安徽基础教育发展制度创新提供研究资源;(3)

围绕基础教育发展基本理论问题开展跨学科的理论研究,在基础教育改革与发展的价值取向、课程建设、管理体制等方面产生创新型研究成果。积极争取国家级和省部级科研项目20项,国际合作项目3—4项,力争在《教育研究》、《中国教育学刊》等学术期刊发表有影响力的系列学术论文。为此,拟定在以下4个方面深入开展协同研究:

1.基础教育发展的基本理论研究。以牵头单位教育学方向研究团队为主,联合协同体内相关高校和研究机构,围绕基础教育改革与发展的基本理论问题,开展跨学科、跨领域、跨学校的综合研究,探讨"教育学引领—学科交叉—国际比较—多元综合"的教育基本理论研究模式,实现基础教育改革与发展基本理论研究成果的创新。

本研究将综合运用理论分析、国际比较、实证分析等多种研究方法,对基础教育改革与发展的价值取向、内涵特征、问题挑战、改革重点等开展深入的理论研究,并围绕我国当前基础教育课程建设、教师发展、考试评价、学校管理、办学体制机制等方面开展学术反思与理论建构,为基础教育发展创新提供学术支持。

2.推进县域义务教育均衡发展机制体制改革研究。开展义务教育均衡发展的实地研究和案例调研,实行规模化的实证研究和量化研究,深度剖析安徽基础教育改革与发展的成效、特色和问题,探索义务教育均衡发展机制建设有效举措;指导义务教育学校标准化建设,开展城乡间校长教师交流制度研究,有效解决区域内择校行为的机制建设,探索建立省域义务教育投入均衡配置机制和激励机制;发布《安徽基础教育均衡发展综合研究报告》,为教育改革良性发展提供政策建议。以学科交叉、领域联合和项目整合为主要形式,培育并建设二级学科"基础教育改革与政策",联合培养"基础教育改革与政策"方向教育硕士,在新兴交叉学科发展上取得突破。

本研究将积极推进教育学与行政学、管理学、社会学等学科的交叉融合,深化学科整合,优化教育学原理、教育领导与管理、教育政策学等学科关系结构,促进高校学科与基础教育发展领域整合,强化"理论与实践、学科与研究"的关联与耦合;围绕基础教育改革与发展改革的重大理论与实践问题,汇聚研究力量，开展跨学科的理论创新，形成关于基础教育改革的政策建议；力争4年内，在学科带头人和研究团队建设、研究生培养、科研成果创新等方面产生重要突破。

3. 完善农民工子女教育机制改革研究。探索以输入地政府管理为主和公办中小学为主，完善农民工子女接受义务教育的配套政策设计；建立政府统筹协调机制，形成进城务工农民工随迁子女平等就学体系和农村留守儿童成长关爱服务体系；研究分析农民工随迁子女平等就学的社会效应；探索推进农村留守儿童之家和寄宿制学校建设的方法、途径。通过与相关市教育局合作，探讨"理论创新—政策支持—实验区引领—资源支持"的农民工子女教育改革创新模式。

本研究将积极探索并形成高校理论创新、教育行政部门政策支持、社会关爱、家校有机结合的协同研究模式，协同阜阳市教育局，在阜阳选择若干区域，建立"农民工子女教育改革实验区"，围绕留守儿童成长教育开展理论研究、实践研究和实验研究，构建学校、家庭、政府和社会深度沟通互动的教育新模式，探讨如何鼓励和吸纳社会资源参与成长关爱体系建设的方式；协同合肥市教育局，在合肥选择城区学校，专项研究农民工随迁子女就学政策问题，探索基于流动儿童平等就学改革学生和家长高度认可的办学模式。

4. 规范办学行为减轻学生课业负担改革研究。针对中小学生个性化发展不足、学业负担重、应试教育问题破解难度加大，以及基础教育课程改革的社会支持系统匮乏的现状，充分利用作为省级课改专家单位的合肥师范学院综合研究优势，整合教育基本理论、课程与教学论、教育社会学、教育领导与管理等研究方向力量，探讨"问题诊断—科研创新—实验区建设—成果推广"的推进"减负"综合治理模式，开展学业负担问题的学理研究、教育教学质量的评价机制，并通过管理机制、招生考试制度等系统研究，创新学科教学"减负增效"的模式，实现规范中小学办学行为提高教育质量形成长效机制的重大创新。

本研究将协同铜陵、淮北市教育局，在铜陵、淮北市选择若干所小学和初中建立"减负实验区"，针对当前减负增效经验与问题，开展课程体系构建、评价制度改革、办学方式改革、创新人才培养实践工作站建设等方面的案例研究与实验研究,创设"以问题诊断为导向、以提高成效为目标"的教育行政部门、科研机构和中小学协同发展的科研生产方式,切实在"减负"上取得突破。

(二)条件保障。

1.加强现有平台与仪器、图书资料、数据库等条件保障建设。牵头单位设有与学科专业相关的研究所10个,拥有安徽省人文社科重点研究基地"教师教育研究中心",以及省级"师范生专业技能培养模式创新实验区"、"卓越中小学教师培养模式创新实验区"和"教师技能训练中心"等实验实训示范中心。加强资源共享与互通,通过教师教育研究中心建立教育政策咨询平台,通过中小学教师继续教育中心、教育管理干部培训指导中心、中小学教师资格认定指导中心3个省级中心建立业务指导平台,通过省级人才培养创新实验区建立服务区域教育发展平台,通过省基础教育课程改革主要专家单位建立中小学学科教学创新平台。

牵头单位设有教师教育专业资料室,拥有中文图书4.5万册,外文图书1.2万册,中文期刊215种,外文期刊55种,可用于本学科的共享图书资料18.6万册。数据库16种,其中包括与研究学科相关的电子图书数据库3种(超星数字图书馆、读秀知识库、方正APABI数字图书馆),电子期刊数据库4种(CNKI中国期刊全文数据库、人大复印资料数据库、万方数字化期刊、中文科技期刊数据库),中文学位论文数据库4种,会议论文数据库2种。

2.深入拓展研究平台,深化条件保障建设。

(1)提升省级人文社科重点研究基地——合肥师范学院教师教育研究中心等机构的建设水准,整合现有研究资源,协同相关高校研究基地,打造成为特色鲜明、辐射全国、具有一定影响力的研究机构。

(2)协同推进省级实验实训示范中心"教师技能训练中心"建设,新建课程与教学研究实验室、体育与健康教学研究实验室,形成一批省内一流的重点实验室。

(3)在皖南、皖中和皖北分别与铜陵、合肥、阜阳市合作建设3-5个紧密型、示范性的教育创新实验区。

（4）注重学科信息资源的建设和开发，加强基础教育改革与发展信息收集与分析，协同组建服务于安徽省基础教育发展的门户网站。

（5）建设体现大教育理念、融入现代信息技术、种类齐全的教育学文献与信息中心。拓展中心所涉学科的范围，将哲学、文化学、生态学以及一些基础学科的经典文献、最新成果纳入建设范畴。加强数据库、电子光盘、电子书及教育科学研究软件库的"大数据"建设，加强网络建设的技术手段及其改造，提高文献查阅的技术装备及其管理水平。

（三）学科发展。

1.继续加强牵头单位教育学一级学科建设，孕育交叉学科，力争将教育学建设成为省级重点学科。加强教育学一级学科建设，积极发挥教育学科对其他二级学科的学术支撑和学术引领作用，强化学科特色建设。在学科建设中进行整体部署，注重二级学科之间的适度打通和资源共享，同时通过发展交叉学科及其研究方向，培育新的特色和生长点，突出"基础教育改革与政策"等二级交叉学科培育并建设。着力在基础教育改革的社会学研究、政策研究、实证研究以及基础教育发展问题诊断与监测等方面取得具有原创性、突破性成果，并力争在自主知识产权、学术创新等方面取得突破，促进教育学成为省级重点学科。

2.加强体现学科核心竞争力的平台建设和团队建设，新增1个省级创新团队。将"基础教育改革与发展协同创新中心"建成省内有一定影响力的高水平的"2011协同创新中心"；提高教师教育研究中心等重点研究机构在科研创新、社会服务和人才培养等方面的影响力。

整合协同体内教育学科整体力量，打造具有高度创造力、凝聚力、竞争力和富有生机活力的研究团队，培育新增2－3个省级创新团队或优秀教学团队，增强学科可持续发展能力和学科综合实力，提升教育学一级学科的影响力。

（四）队伍建设。

1.加强人才体制机制建设，根据学科发展和协同研究需要，优化学科结构和学缘结构。

围绕人才队伍的引进培养机制、人才评价发现机制、人才选拔任用机制、人才流动配置机制和人才激励保障机制等,建立以任务为牵引的人员聘用方式,增强对国内外优秀人才的吸引力和凝聚力,造就协同创新的人才团队。充分利用学校的人才引进政策,渐而提升为2011协同创新"特区"政策,积极引进高层次人才;协同包融教育学科以外的经济学、社会学、管理学等学科人才,优化团队成员的知识结构和学缘结构;利用协同研究的优势,打造一支以基础教育发展为特色的研究团队。未来4年内,形成并稳定由30人组成的全职人员、30人组成的单聘与双跨人员,40人组成的访问与流动人员的队伍结构。

2.积聚和培养一批推进学科发展的拔尖创新人才和领军人才,培育高层次学术带头人。制定有利于人才竞争的更富力度的科研激励政策,完善体现科研创新团队建设需要、引导高质量成果产生的人才聘用机制和学术考核机制,出台旨在推进学科可持续发展的优秀学术方向带头人、学术骨干的培育政策,出台鼓励中青年拔尖创新人才科研创新的特殊激励机制,制定支持拔尖创新人才参加国家学术交流和开展出国访学的激励政策,全面吸纳和培育学科拔尖创新人才和科研领军人才。未来4年内,力争培育高层次学术带头人2—4人。

(五)人才培养。

1.定制培养一批推进基础教育改革与发展的创新人才。依托牵头单位合肥师范学院教师教育专业群的综合优势,充分发挥培养、培训、指导、服务"四位一体"的办学模式作用,将创新资源优势转变成育人优势,构建以各类创新平台为载体,产学研用结合的创新人才培养体系,培养创新型、复合型、应用型高层次人才。结合当前我省基础教育改革发展的需要,培养一批在教育学研究、教育学与相关学科交叉研究的创新人才,为教育改革持续推动补充力量。未来4年内培养20名优秀硕士生。

2.实施交叉学科建设与培育计划,培养服务基础教育改革与发展的复合型、应用型本科生和研究生。加强学科建设和专业建设,构建"学科引领专业、专业支持学科"的人才培养良性机制,围绕基础教育改革,优化本科生和研究生知识结构和能力结构,培育与建设交叉学科和专业,打造特色专业和品牌专业,培养一批本、硕一体化的服务基础教育改革与发展的创新型、复合型、应用型人才。

3.围绕教育改革创新要求,加强课程与教材建设。以优化基础教育改革与发展为引导,以创新型、复合型、应用型人才培养为目标,以培养学生的创新精神和实践能力为重点,不断优化教学内容、完善课程体系,全面加强课程和教材建设。根据教育部颁布的《关于大力推进教师教育课程改革的意见》和《教师教育课程标准》,组织编撰出版"基础教育发展创新文库"、"教师专业成长丛书"、"教师教育学科教学经典案例文库"和"体育教师教育课程改革系列教材"。未来4年内建设省级精品课程2个,参与建设高校教材20部。

(六)国内外合作交流。

1.提高协同创新研究的教育对外开放水平,支持和鼓励多种形式的教育对外开放。积极吸引基础教育改革与发展领域国际创新力量和资源,集聚世界上基础教育改革先进国家和地区的专家学者参与协同创新,加强协同领域国际化人才培养,大力推动与国外高水平大学、科研机构等建立实质性合作,显著提升协同创新中心的国际化水平。

继续深化与美国、澳大利亚等国知名高校共同探讨合作培养、合作交流等,聘请海外优秀教授来中心建设工作室,每年组织优秀硕士研究生、本科生赴海外进行学术交流和短期培养,推动人才培养的制度创新。加强与台湾铭传大学推进"安徽教育中心"的内涵建设,进一步落实与澳大利亚查尔斯达尔文大学"校长领导力培训基地"联合组建工作,开展教育体制、人才培养、课堂教学等比较研究,为改革发展提供基本范式。

充分利用合肥师范学院与台湾铭传大学在皖合作建设"刘铭传学院"的契机,以基础教育发展为主线,进一步加大皖台两地的学术交流和教育文化交融,探索两岸基础教育发展中共性问题的解决之道。

2.围绕核心研究领域和重点研究方向,举办国际学术研讨,组织研究人员参与国际互派与交流活动。本着借鉴学习,与美国、澳大利亚及台湾地区高校建立紧密型学术联盟,深化师资交流,在过去已有的本科生、硕士生联合培养等合作项目基础上,开展"创新型人才合作培养模式"攻关项目研究。未来4年内,拟举办"国际(海峡两岸)基础教育发展论坛"3次;组织协同创新体内研究专家40人次参加国(境)外访学活动;组织与国(境)外访学专家交流不少于20人次;与国(境)外知名高校联合培养50名本科生与硕士生。

(七)社会服务与贡献。

1.建构安徽基础教育改革与发展动态监测与问题诊断体系,增强安徽基础教育改革的针对性。结合安徽经济社会发展和教育的现状与特点,从素质教育和全面发展教育,以及提升安徽基础教育人才创新精神、实践能力、个性发展和社会责任感出发,设计安徽基础教育改革与发展的多元路径和指标体系,开展基础教育发展的质量检测,及时分析与监测安徽基础教育的特征、趋势与问题,有效促进基础教育的科学发展。

2.研制安徽基础教育改革与发展的研究报告,综合设计安徽基础教育改革的行动纲领,增强教育改革的科学引导性。围绕安徽创新型经济发展和教育强省的建设目标,对基础教育发展现状开展深入的调查研究、实证研究,对安徽基础教育改革与发展状况进行动态分析,综合设计并制定促进安徽基础教育改革与发展的制度创新和行动建议。在深入开展实证研究和案例研究基础上,分析研制安徽基础教育改革与发展的年度报告。

3.建立体现不同区域特征的教育综合改革实验区,增强安徽基础教育改革的示范性。在三项改革试点项目实施取得一定成效的基础上,与南陵县教育局、淮南市毛集实验区教育局建立教育创新综合改革实验区,分别打造成为皖南、皖北区域样板区;结合安徽师范大学、淮北师范大学所在地研究情况,协同开展区域性基础教育改革与发展体系、形态、政策、资源的整体设计和综合改革。

五、资源整合与投入支出

(一)已有投入与支出情况。

1.整合资源情况。本中心在培育期和项目立项后采取多渠道筹措研究经费的方式,尽其所能为项目建设提供了较为充裕的经费保障。特别是在培育期内,牵头单位合肥师范学院和主要协同单位给予协同创新中心培育较大的支持:自2012年协同创新中心组建以来,已落实到账培育经费704万元以上。其中国培计划、省培计划200万,各级科研经费和行业部门支持162万,境外合作经费50万,台湾铭传大学55万,社会支持120万,学校自筹经费117万。以上经费的筹措与使用,较好地满足了协同创新中心的科学研究和常态运行。

表1 协同创新中心培育经费筹措

经费来源	支持方式 (含项目名称)	金额 (万元)	主要使用范围
教育部 安徽省教育厅	国培计划 省培计划	200	教师教育、队伍建设
各级主管部门	科研项目	162	学术交流、仪器设备添置与维护、数据库、文献资料购买
安徽省台办	境外交流合作	50	举办皖台基础教育发展论坛
台湾铭传大学	协同创新计划培育支持	55	提供科研用房与设备,接纳师资队伍培训
江博基金会	协同创新计划培育支持	120	平台建设、团队建设
合肥师范学院自筹经费	协同创新计划培育支持	117	基本建设、仪器设备、人员激励
合计		704	

2.主要支出情况。

表2 协同创新中心培育经费支出

支出科目	金额(万元)
1.基本建设	65
2.平台设施与仪器设备	80
3.科学研究	168
4.人才引进与团队建设	88
5.人才培养	80
6.国内外合作交流	85
7.日常运行管理	27
8.专家咨询、会议费、数据采集费	94
合计	687
目前尚结余	17

(二)4年总体经费收入与支出预算。

1.主要经费来源计划。本规划4年内计划争取资金1520万元,主要用于体制机制创新、平台建设、科学研究、人员引进和人才培养。其中计划申请省"2011计划"专项资金800万元;争取牵头单位合肥师范学院重大项目配套200万元,主要用于教育资源的开发、人才引进和特别聘用人员补贴以及重大成果奖励;教育学一级学科建设项目经费340万元,主要用于学术交流、仪器设备的购置和运行、维护及数据库、图书资料的购买等;政府专项支持180万元,主要用于中小学教师(校长)专业发展。

表3 协同创新中心建设经费筹措计划

经费来源	支持方式（含项目名称）	金额（万元）	支持年限	可使用的主要范围
安徽省教育厅 安徽省财政厅	2011计划	800	4	平台建设、人员引进、科学研究和人才培养等
合肥师范学院	2011计划配套	200	4	人才队伍建设,特别聘用人员补贴,重大成果奖励
安徽省教育厅 安徽省财政厅	硕士学位授权一级学科建设项目	340	4	学术交流,仪器设备添置与维护,数据库资料购置
政府财政专项	国培计划、援疆项目等	180	4	中小学教师(校长)专业发展
合计		1520		

2.主要支出计划。本规划4年内计划支出1520万元,其中基本建设、研发平台、仪器设备添置300万元;科学研究计划支出300万元;人才引进、特别聘用人员补贴、重大成果奖励计划支出360万元;人才培养计划支出150万元;教育实验区建设、国内外合作交流280万元;专家咨询及数据采集计划支出130万元。

表4 协同创新中心建设经费支出计划

预算科目	金额（万元）	筹措方式		
		主要来源	金额（万元）	2011专项经费
1.基本用房与环境建设	60	合肥师范学院2011计划配套	60	—

续表

预算科目	金额（万元）	筹措方式		
		主要来源	金额（万元）	2011专项经费
2.平台设施与仪器设备	240	2011计划、硕士学位授权一级学科建设项目	240	110
3.重大科研任务与项目经费（含出版资助）	300	2011计划、硕士学位授权一级学科建设项目	300	220
4.人才引进与绩效奖励	360	2011计划、合肥师范学院2011计划配套	360	200
5.人才培养	150	2011计划、硕士学位授权一级学科建设项目	150	110
6.国内外合作交流	280	2011计划、硕士学位授权一级学科建设项目	280	140
7.专家咨询、数据采集费	130	硕士学位授权一级学科建设项目	130	20
合计	1520		1520	800

（三）省财政专项经费需求计划与测算依据。

1.拟申请的省财政专项计划。拟申请安徽省财政专项计划资金为800万元，每年计划200万元，全部用于基础教育改革与发展的专项研究、人才专项培育与引进以及运行经费等。该专项计划经费将由中心统一管理与使用，根据创新项目的研究需要和体制机制改革的需求进行支出，不在协同创新体间简单分配。

表5 协同创新中心申请省财政专项计划

支出科目	金额（万元）	测算说明
1.人才引进	200	联合引进人才、中心人员聘任薪酬激励、突出成果奖励等
2.设备采购	110	购买教育问题诊断系统、教育质量监测实验、质性研究软件和系列设备，建设视频教学（会议）中心等
3.人才培养	110	协同学科建设，创新资源服务本科生教学，定制服务基础教育改革的教育硕士120名
4.项目引导	140	三项改革省教育规划专项课题30项，基地课题80项
5.合作交流	140	国际学术会议3次，国内学术会议8次，主题沙龙40次，与美国、澳大利亚以及台湾地区互访交流和合作

续表

支出科目	金额（万元）	测算说明
6.出版资助	80	出版4类文库(丛书)及系列研究成果、项目总成果
7.咨询与管理	20	邀请国际知名教育机构、国内外一流大学的专家指导青年教师和研究生开展前沿研究
合计	800	

2.主要支出计划与年度分配方案。

表6 协同创新中心省财政专项经费使用方案

时间 预算科目	2013年	2014年	2015年	2016年	小计
1.团队建设	40	60	50	50	200
2.人才培养	20	25	25	30	110
3.设备条件	30	25	30	25	110
4.项目引导	40	30	30	40	140
5.合作交流	45	35	40	30	140
6.出版资助	20	20	20	20	80
7.咨询与管理	5	5	5	5	20
合计	200	200	200	200	800

六、年度实施计划与绩效指标

(一)2013年度实施计划与绩效目标。

1.2013年度实施计划与总体发展规划关系概述。组织协同体相关单位编制和拟定协同创新中心的发展思路、发展目标、主要任务和发展指标。健全协同体内的组织机构和体制机制。开展协同创新中心的规划研讨和论证。设计协同创新的重点项目安排,确定项目负责人、招聘和遴选项目研究人员、面向协同创新体确定相关研究人员和研究团队。制定基地项目研究方案、确定基础教育改革与发展的实验区和实验学校,制定实验区和实验学校的发展规划,开展基地项目的理论论证和方案细化;启动实验区和实验学校的研究计划。编制安徽基础教育现状调查问卷,面向基础教育相关群体开展调查研究,形成分析报告,为总体方案的实施提供研究基础。

2.任务完成计划。

(1)基础教育改革与发展的论证。通过文献资料考察已有的基础教育改革与发展及其理论根基,揭示基础教育改革与发展的基本发展趋势;分析基础教育现行模式的历史与社会根源,提出基本理论预设,厘清其历史贡献和局限性;根据历史经验和教育的本质规定,结合现实社会需要和未来社会发展的需要,设计基础教育发展的理想模式,并对其合理性和适用性进行学理论证。

(2)分析安徽基础教育学校发展现状与问题。深入基础教育学校,在安徽省范围内进行大规模的调查,通过对学校教师、校长和家长等访谈,梳理基础教育发展中的"负面清单"。

(3)面向合肥、铜陵、淮北、阜阳市教育局等协同单位,通过教育行政部门推荐、高校已有实验区深化和拓展、公开遴选等多种方式,在充分考察、协商和论证的基础上,建立60所基础教育改革实验学校,签订研究合作协议,分地区、分项目、分类型地确定研究思路和研究目标,制订方案和进度,全面启动实验研究。

3.具体绩效目标。

(1)围绕研究目标,落实研究人员,完善协同机制。

(2)确立60所基础教育改革实验学校,具体分布为学前教育学段15所,义务教育学段25所,高中教育学段20所,签订合作协议,全面实施实验研究。

(3)创办《安徽基础教育研究》(电子刊),及时传递、交流基础教育改革动态与信息。

(4)做好《基础教育三项改革文件制度汇编》,分项开展教育政策研究,发表系列研究成果。

(5)联合省教育厅基础教育处开辟《合肥师范学院学报》"基础教育改革与发展"专栏,刊发与推广当下基础教育改革研究最新成果。

(6)协同省社会科学院成立专项课题组,侧重从留守儿童社会关系、心理辅导等多角度进行学理研究和应用研究。组建"行知学堂",为山区农村的留守儿童开展课业与心理辅导,探索如何提升"留守儿童之家"工作质效的路径与方法,创新留守儿童健康成长关爱体系。

(7)组织专家咨询会,编制《基础教育改革与发展协同创新中心发展规划(2013—2016年)》。

(二)2014年度实施计划与绩效目标。

1.2014年度实施计划与总体发展规划关系概述。按照总体研究方案、分中心和分项目的研究内容,以及年度研究计划,细化研究内容;深入到实验区和实验学校,通过理论探讨和观察交流、教育诊断等方式,明确实验区和实验学校的协同研究重点领域、关键问题和核心目标。构建系列化研究共同体,推动高校、科研院所、中小学教师的交叉任职、互动合作和协同研究。依托教育部人文社会科学重点研究基地华东师范大学基地教育改革与发展研究所、东北师范大学农村教育研究所和省级人文社科重点研究基地合肥师范学院教师教育研究中心等研究平台,开展创新人才培养和标志性研究成果培育,全面推进科学研究、人才培养和社会服务的协同研究和协同创新。

2.任务完成计划。

(1)组织专家论证《基础教育改革与发展协同创新中心发展规划(2013—2016年)》。

(2)深化教育综合改革,加强改革经验发掘、宣传与推广,征集教育改革经典案例,推广与转化实验基地改革成果,直接引领并指导基础教育中小学改革实践。

(3)开展规范办学行为的管理体制、办学体制改革研究,安排高校教师前往中小学蹲点挂职,深入实验基地开展业务指导。

(4)在协同高校内开展人才培养综合改革试点,深化教育硕士培养综合实验改革。在教育硕士中开设基础教育改革与政策方向研究生,对基础教育改革与政策的理论与实践开展创新性研究,培养具有综合实践活动方面能力的复合型、应用型人才。

(5)围绕基础教育阶段学生创新精神、实践能力、社会责任感和个性化发展等方面,设计学生发展的多元路径和指标体系,开展安徽基础教育发展状况的动态监测。

3.具体绩效目标。

(1)协同省教科院共同设立安徽省教育科学规划"基础教育三项改革"专项课题30项,并组织课题招标、研究。

(2)与《安徽青年报》《教育文汇》等媒体加强合作,全年协办"深化基础教育三项改革"专栏32期。

(3)组织编撰出版"教师教育学科教学经典案例文库"和"体育教师教育课程改革系列教材"。

(4)基于马鞍山市、淮北市的实证研究,完成"中小学教师城乡交流缺乏实效性的归因分析",形成若干份教师(校长)交流模式的实验研究报告,突显不同模式的功效、优势及缺失。

(5)拟在合肥实验学校、南门小学举办教育创新发展现场会;举办教育创新主题沙龙10期。

(6)组织前往台湾学习交流,跟踪研究铭传大学安徽教育中心10期中学校长研修班成效,树立"学—思—行"结合的典型范例。

(7)联合铭传大学组织举办"皖台基础教育发展论坛"。

(8)发布《安徽省基础教育发展年度报告(2013)》。

(三)2015年度实施计划与绩效目标。

1.2015年度实施计划与总体发展规划关系概述。深化实验区和实验学校建设,在已有理念建构、课程体系改革和教师素质提升的基础上,进一步拓展实验领域、深化实验改革,分别在均衡发展、农民工教育和减负增效等领域明晰实验亮点、凝练实验特色、分析实验成效、剖析和诊断实验中的问题。深化本科生、研究生培养综合改革,在课程建设、师资培养、学生素质提升等方面探讨交叉培养、联合培养和提升实践素养的方式和模式。在实验研究、实践研究和人才培养综合改革的基础上,培育标志性研究成果、培育有潜力的中青年研究骨干。继续开展农民工子女教育、农村学校教育状况等方面的政策研究,开展农民工子女教育发展状况的动态监测。

2.任务完成计划。

(1)深入开展均衡教育、农民工子女教育和减负增效实验区与实验学校案例研究,加强研究的动态跟踪和综合分析,在综合研究的基础上,反思和总结既往理念设计、课程建设、师资培养及学生发展等方面的优势和不足,深化和拓展已有理论研究、实验研究和实践研究。

(2)从理论与实践层面,开展基础教育改革的国际比较研究。采取文献研究、案例研究和交流考察相结合的方式,深化对安徽基础教育改革与发展的国际比较,形成系列研究成果。

(3)在前期深入的实验研究基础上,选择典型的实验区和实验学校开展初步的特色凝练和经验概括,分别在均衡发展、农民工子女教育、减负增效等方面概括出初步的实验模式;围绕实验区和实验学校的典型经验开展交流、分析与模式推广活动。

(4)围绕复合型、应用型人才培养,继续深化综合实践活动方向本科生培养方式改革,在导师制培养、综合实践能力训练和综合性技能提高等方面取得突破。深化基础教育改革与政策方向研究生培养方式改革,在研究方向凝练、研究方法改革、研究成果呈现等方面取得创新性成果。

3.具体绩效目标。

(1)完成"中等城市义务教育资源均衡配置现状实证分析报告",启动"构建城乡义务教育发展一体化办学模式的调研报告"和"区域优质教育均衡协调发展研究",在此基础上,形成"安徽基础教育学校办学状况分析报告"。

(2)在"基础教育三项改革"专项课题研究成果基础上,启动编撰出版"基础教育发展创新文库"和"教师专业成长丛书"。

(3)开展基础教育改革实验区、实验学校经验交流与学术研讨,对突出问题或难点组织相关专家会诊,集体攻关,完善研究成果。

(4)举办安徽基础教育发展国际交流会,邀请国内外知名学者对基础教育协同创新的进行评判和交流,发布安徽基础教育国际比较的系列研究成果。

(5)拟在合肥、铜陵、芜湖等地举办教育创新发展现场会;举办教育创新主题沙龙10期。

(6)围绕留守儿童心理健康教育,在协同体学校组织开展心理辅导实验研究。

(7)发布《安徽省基础教育发展年度报告(2014)》。

(四)2016年度实施计划与绩效目标。

1.2016年度实施计划与总体发展规划关系概述。在深入交流、分析和全面总结交流的基础上,围绕科学研究、人才培养和社会服务3个方面,深化实验区和实验学校研究成果的提炼、总结和推广。形成关于均衡发展、农民工子女教育和减负增效的特色化办学理论和办学模式,推广并宣传成功的改革经验和模式,力争在国内产生影响,并具有可参考性和可迁移性。加强基础教育发展的改革研究和政策研究,在综合既往理论研究和实践研究成果的基础上,为安徽基础教育改革与发展改革的深化和拓展,设计综合性的政策建议。

2.任务完成计划。

(1)深化实验区和实验学校协同研究,总结和凝练特色化的人才培养模式和办学模式,分别在均衡发展、平等就学和减负增效改革领域,各选择1－2个典型的实践经验和特色化办学模式,从理论上进行提升和概括,在操作层面进行细化和完善。

(2)深化基础教育改革与发展的基本理论研究,总结和概括4年来基本理论研究的主要成果,围绕均衡发展、平等就学、减负增效、学校管理变革,以及基础教育政策变革等主题进行深化和总结,提炼出学理性强、概括性强和针对性强的基础教育改革与发展理论框架。

(3)深化学术平台建设与标志性成果培育。围绕基础教育改革与发展,加强3个创新方向的综合研究能力建设,打通和融合研究方向与相关研究平台和机构的协作关系,培育和申报省、国家级综合性研究基地,培育1－2个省级创新团队。

(4)深化服务基础教育发展与改革的教育政策研究。综合年度发布的关于安徽基础教育改革与发展的研究成果,结合对实验区和实验校案例研究成果的分析,在专家讨论、综合论证和分析的基础上,形成安徽省基础教育综合改革的行动纲领和政策建议。

(5)全面总结协同创新中心在体制机制创新、平台建设、队伍建设、评价改革、人事管理改革以及教育理论与实践协同创新改革方面的成效、经验和问题,对高等学校协同创新计划的未来发展提出建议与对策。

3.具体绩效目标。

(1)形成"县域义务教育均衡发展的研究成果文集"和典型学校及区域示范样板。

(2)围绕各地减负增效多元化发展路径,协同合肥、铜陵、淮北、阜阳等市教育局,组织编撰各地各具特色的应用型案例专著4－5部,全面完成"基础教育发展创新文库"建设。

(3)完成并向教育行政部门提交《安徽省基础教育均衡教育发展现状综合咨询报告》、《基础教育发展综合改革的政策建议》。

(4)联合铭传大学组织举办"皖台基础教育发展论坛",出版《海峡两岸基础教育发展论文集》。

(5)拟在合肥、淮北、阜阳等地举办教育创新发展现场会;举办教育创新主题沙龙10期。

(6)出版专著《省域统筹视角下的基础教育均衡发展》。

(7)发布《安徽省基础教育发展年度报告(2015)》。